신약성경 전통본문 옹호

THE TRADITIONAL TEXT OF THE NEW TESTAMENT DEFENDED

김효성
Hyosung Kim
Th.M., Ph.D.

옛신앙
oldfaith
2020

머리말

저자는 신약본문비평학을 전공한 학자가 아니고 본서의 내용은 아직 매우 부족하고 미흡하다. 그러나 한글개역성경을 비롯하여 영어권의 대다수 번역들이 근거하는 신약성경의 비평본문의 전통을 이어오는 연합성서공회(United Bible Societies) 발행 『헬라어 신약성경』(UBS 4판이나 5판)의 본문이 신약성경 원본의 본문이기에 너무 문제가 많다고 보기 때문에, 또 이것과 비교할 때 전통적 비잔틴 다수사본의 본문이 신약성경 원본의 본문에 가깝다고 판단할 말한 충분한 근거들이 있기 때문에, 저자는 이 내용을 성경을 사랑하는 모든 형제 동역자들과 함께 나누고 더 완전하게 연구하기를 원하여 이 책자를 펴낸다.

오늘날은 주 예수 그리스도의 재림이 가까운 말세이며 성경의 예언대로 배교와 타협과 혼란의 시대이다. 교회들 속에서 바른 신학을 보수하려는 의지나 성경 교훈대로 믿고 실천하는 일이 약해진 시대이다. 20세기에 들어와, 교회 역사상 전무했던 자유주의 신학의 영향이 온 교회를 삼켰고, 자유주의 신학뿐 아니라 천주교회와 심지어 이방종교들까지 포용하려는 교회연합운동과 타협적 복음주의와 은사 체험을 강조하는 은사주의가 유행하고 있다. 또 교회음악과 예배도 속화되었고 개신교 대교단들 속에서 낙태와 안락사와 동성 결혼과 동성애 목사들을 용납하는 일이 일어나고 있다. 신약성경 본문 문제는 묘하게도 19세기 중엽에 시작되었다. 그것은 교회의 배교와 함께 교회의 혼란을 가중시켰다. 그러나 이 어려운 때에도 하나님의 신실하고 충성된 종들이 많이 일어나 바른 교훈의 보수와 실천뿐 아니라, 신약성경의 본문 문제, 즉 신약성경의 전통본문의 정당성 문제에 대해서까지도 바른 견해를 가지고 변호하고 전하게 되기를 기도한다.

내용 목차

제1부. 신약성경 전통본문 옹호

1. 신약본문의 역사

영어 킹제임스역과 한글개역성경은 때때로 왜 다른가? 한글개역 신약에 자주 나타나는 괄호들과 난외주에 "고대 사본에는 없음"이라는 말은 무슨 뜻인가? 우리가 가지고 있는 신약성경은 과연 사도들이 기록한 원본 내용 그대로인가? 이 문제는 성경의 축자[단어] 영감과 무오(無誤)만큼 중요하다. 왜냐하면 우리는 성경의 지극히 작은 부분도 성령의 감동으로 기록된 귀중한 내용임을 믿기 때문이다.

(1) 초대시대

신약성경 원본은 두루마리 형태(roll, scroll)[1]이었을 것이다. 그러나 주후 2세기 전반부에 파피러스 묶음인 책 형태가 나타났다. 이것을 코덱스(codex)라 부른다. 사본 재료로는 1-4세기에는 주로 파피러스를 사용했고, 4세기 이후에는 송아지나 영양의 가죽(vellum)이나 양과 염소의 가죽(parchment)을 사용하였다. 사본 서체는 초기에는 투박한 대문자(Uncial, Majuscule)만 사용되었으나, 9세기 이후 미끈한 소문자(Cursive, Minuscule)가 사용되었다.

초대교회 시대에 로마 황제들의 박해로 인하여 신약성경의 많은 좋은 공식적 사본들은 몰수되고 파괴되었다. 주후 303년에 로마 황제 디오클레샨은 모든 성경을 소각하라는 칙령을 내렸다. 이런 핍박은

---

1) 파피러스나 양피지로 된 두루마리 책은 2-3인치(5-7.5cm) 난(column)의 연속이며 전체 길이는 보통 10m를 넘지 않았다. Bruce M. Metzger, *The Text of the New Testament: Its Trasmission, Corruption, and Restoration* (New York: Oxford University Press, 1968), pp. 5-6.

정경 확정을 촉진시켰다. 그러나 주후 397년 제3차 칼타고 회의에서 정경 문제가 종결되었을 때, 그 회의가 본문 문제를 언급하지 않았다는 것은 신약성경의 정통 본문이 당연히 내포되었다는 것을 보인다.

주후 140년경 마르시온 같은 이단자들은 성경본문을 변경시키기를 주저하지 않았다. 일찍부터 신약성경의 사본들은 필사상의 고의적 변경이나 비고의적 실수로 인해 성경 본문의 약간의 혹은 큰 혼란이 있었다고 보인다. 그러나 2세기 때에 헬라어 신약성경은 벌써 수리아어와 라틴어와 콥트어(옛 이집트어)로 번역되었다고 보인다.

(2) 중세시대

라틴어역 사본들이 너무 다양해지고 오류들도 많아지자, 주후 382년 37대 교황 다마수스(Damasus)는 그의 비서 제롬(Jerome)에게 라틴어역 사본들의 개정을 맡겼다. 거기에서 나온 것이 **라틴어 벌게이트역**이었다. 그러나 이 번역은 7세기 이후에야 서방교회 즉 로마 천주교회의 표준적 성경이 되었다.

9세기에 와서, 대문자 사본들을 소문자 사본들로 음역(音譯)하는 일이 있었다. 이 과정은 매우 중요해 보인다. 이 시대에 가장 중요한 신약성경의 대문자 사본들은 소문자로 음역 필사되었다. 이 과정 후, 대문자 사본들은 통용되지 않았고, 필사자들은 소문자 사본을 새로 만든 후 그 원본 대문자 사본을 파괴했다고 보인다.[2] 그러므로 오늘까지 남아 있는 대문자 사본들의 신빙성은 검토되어야 한다.

---

2) Jakob van Bruggen, *The Ancient Text of the New Testament* (Winnipeg, Canada: Premier, 1976), p. 26; K. Lake, "The Ecclesiastical Text," Excursus 1 to K. Lake, R. P. Blake and S. New, "The Caesarean Text of the Gospel of Mark," in *Harvard Theological Review,* 21 (1928), pp. 348-49.

(3) 전수본문(TR)시대

종교개혁 시대에, 1516년 에라스무스(Erasmus)는 최초로 헬라어 성경을 출판하였다. 그보다 2년 전, 추기경 크시메네스(Ximenes)는 콤플루텐시안 폴리글롯(Complutensian Polyglott)(히브리어, 아람어, 헬라어, 라틴어 대조 성경)을 완성했고 1520년에 출판했다. 그 후 1546년에 스티븐(Robert Stephen)이, 1565년에 베자(Theodore Beza)가 헬라어 성경을 출판했다. 그 후, 스티븐의 제3판(1550년), 제4판(1551년), 및 베자의 제4판(1598년)은 표준적 전통본문 헬라어 성경이 되었다. 스티븐의 제3판은 최초로 다른 본문들(readings)을 표기했고, 제4판은 최초로 절을 구분했다. 문단을 처음 도입한 사람은 벵겔이었다. 1611년의 영어 킹제임스역은 이런 성경들에 근거하였다.[3)]

영어 킹제임스역(KJV)은 어느 하나의 헬라어판에 전적으로 의존하지 않았다. 스크리브너는, 선택된 252개의 구절들에서 KJV 번역자들이 113구절에서는 스티븐 대신에 베자를, 59구절에서는 베자 대신에 스티븐을, 80구절에서는 스티븐이나 베자 대신에 콤플루텐시안 폴리글롯이나 에라스무스나 벌게이트를 따랐다고 말했다.[4)]

1633년에 엘저비어 형제(the Elzevirs)의 헬라어 성경 제2판이 나온 이후, 그 본문은 **Textus Receptus(TR)**(Received Text), 즉 **전수본문** 혹은 **공인(公認)본문**이라고 불리었다. 스티븐판, 베자판, 엘저비어판의 본문은 본질적으로 같다.[5)] 일반적으로, 스티븐의 본문은 영국에서, 엘저비어의 본문은 유럽대륙에서 전수본문의 표준으로 인정되었

---

3) Edward Miller, *A Guide to the Textual Criticism of the New Testament* (1886; The Dean Burgon Society, 1979), pp. 10, 16.

4) Miller, pp. 8, 12.

5) TR내의 중요한 차이--눅 2:22; 17:36; 요 1:28; 16:33; 롬 8:11; 12:11; 딤전 1:4; 히 9:1; 약 2:18. James R. White, *The King James Only Controversy* (Minneapolis, Minnesota: Bethany House Publishers, 1995), p. 68.

다. 전수본문(TR)은 보통 이 세 판의 본문을 말하며, 로마서 16:25-27과 요한일서 5:8 등 몇 곳의 두드러진 차이점을 제외하고는 **다수사본의 본문**(Majority Text)[6]과도 본질적으로 같다.[7]

전수본문(TR)은 **전통본문**을 대표한다. 그것은 헬라어를 사용하는 헬라정교회가 옛날부터 사용해온 본문이다. 전통본문은 **비잔틴 본문, 안디옥 본문, 코이네 본문, 수리아 본문, 교회본문, 다수 본문** 등으로 불린다. 이 본문은 주로 9세기부터 11세기의 사본들에 근거하고 있다. 오늘날 5,500개 이상의 사본의 85% 이상이 여기에 속한다.[8]

(4) 비평본문시대

19세기 후반, 신약성경의 본문에 대해 다른 견해가 나타나기 시작했다. **라크만**(Karl Lachmann, 1793-1851)은 전수본문(TR)을 버리고 어떤 고대 사본들에 근거하여 신약본문을 수정하기를 계획하였다. 그 후, **트레겔레스**(Samuel P. Tregelles, 1813-75)는 라크만의 생각을 주저 없이 받아들였다. **티쉔도르프**(L. F. C. von Tischendorf, 1815-74)도 같은 생각을 가졌고 새로 발견한 시내 사본(א)에 의존해서 그의 헬라어성경 제8판에서 제7판의 3,369곳을 수정했다. 그들은 다 전수

---

6) *The Greek New Testament According to the Majority Text*, ed. Zane C. Hodges and Arthur L. Farstad, 2nd ed. (Nelson, 1985).

7) *The Greek New Testament According to the Majority Text*에서 첫 번째 단의 비평각주는 TR과 MT(Byz)의 차이를 보여주며 그 수는 1,838개이다. Daniel Wallace, "The Majority-Text Theory: History, Methods and Critique," *Journal of the Evangelical Theological Society,* June 1994, p. 194; quoted in James R. White, *The King James Only Controversy*, p. 6. 그러나 대부분은 의미에 있어서나 번역에 있어서 큰 차이가 없다고 보인다.

8) 이것은 가장 작게 어림잡은 수치임. *The Holy Bible, The New King James Version* (Thomas Nelson, 1979), p. 1231. D. A. 웨이트는 헬라어 사본들의 99%가 전통본문에 속한다고 주장한다. D. A. Waite, *Defending the King James Bible* (The Bible for Today, 1992), 57.

본문(TR)을 버리고 몇 개의 고대사본들을 선호했다. 이러한 생각은 마침내 **웨스트코트**(B. F. Westcott, 1825-1901)와 **호트**(F. J. A. Hort, 1828-92)에 이르러 더욱 널리 퍼지게 되었다.[9]

영국 캠브리지 대학 신학교수들이었던 웨스트코트와 호트는 4세기 대문자 사본인 바티칸 사본과 시내 사본에 근거하여 약 28년간 공동으로 수고한 결과 **1881년** 헬라어 신약성경 개정판을 출판하였다.[10] 그 개정판에서 그들은 가히 혁명적으로 신약성경의 전수본문(TR)을 **약 5,337곳**, 영어성경(RV)으로는 **36,191곳**을 고쳤다.[11] 이것이 신약성경의 비평본문의 본격적 시작이었다.

그 후 1898년, **네슬레**(Eberhard Nestle, 1851-1913)는 헬라어 성경을 출판하였는데, 그것은 오늘날 매우 널리 사용되는 성경이 되었다. 그의 본문은, 3판(1901년) 이후, 티쉔도르프(1869-72)와 웨스트코트-호트(1881년)와 바이스(Bernhard Weiss, 1894-1900)의 본문들의 비교에 근거한 것으로 이 셋 중에 둘 이상이 일치하는 것을 본문으로 채택한 것이다. 13판(1927년)부터는 아들 네슬레(Erwin Nestle)가 책을 만들었고 1952년 이후에는 **알란트**(Kurt Aland, 1915-94)가 공동편집자가 되었다. 네슬레 25판(1963년)은 고대적 증거자료 대조를 시작하였다. 네슬레 26판(1979년)과 27판(1993년)의 본문은 동일하고, 28판(2012년)의 본문도 공동서신 외에는 동일하다.[12]

---

9) Miller, pp, 20-26.

10) B. F. Westcott and F. J. A. Hort, *The New Testament in the Original Greek,* 2 vols (1881; 2nd ed., Cambridge and London, 1896).

11) 스크리브너에 의한 숫자이다(John W. Burgon, *The Revision Revised* [1883; The Bible for Today, 1981], p. 405; Miller, p. 3. footnote). D. A. 웨이트는 헬라어 본문의 변경이 **5,604곳**이라고 말하며, 그 중 1,952곳은 생략, 467곳은 첨가, 3,185곳은 변경이라고 한다(Waite, p. 42).

12) 현재의 편집진은 신약전체의 본문 개정을 위해 ECM(Editio Critica Maior[더 나은 비평본문]) 프로젝트를 진행하고 있고, 우선 공동서신에서

한편, 1966년 연합성서공회(United Bible Societies)는 헬라어성경을 출판하였다. 그것이 **연합성서공회(UBS)판**이다. UBS 3판(1975년)의 본문은 네슬레 26판의 본문과 동일한데(단지 비평각주만 다름), 그 본문은 알란트(Kurt Aland), 블랙(Matthew Black), 마티니(Carlo M. Martini), 메츠거(Bruce M. Metzger), 위크그렌(Allen Wikgren) 등 5명의 편집자들의 표결에 의해 확정된 것이다.[13] UBS 3판과 4판(1993년) 본문은 동일하며, 5판(2014년)도 공동서신 외에는 동일하다.

연합성서공회(United Bible Societies=UBS) 5판(2014년)과 **네슬레 (Nestle) 28판**(2012년)은 이 전통을 계승하고 있다. **영어개역성경 (RV)**(1881년) 이후, ASV(1901년), RSV(1952년), NASB(1971년), NIV (1978년) 등의 영어성경들은 다 이 비평본문에 근거하고 있다.

한글개역성경(1938년)도 대체로 비평본문에 속한다. 1893년 "한글 구역성경"(1906년 신약 완역)을 위한 번역위원회는 헬라어 원어성경과 영어 개역성경(Revised Version, 1881년)을 대본 및 참고로 번역할 것을 확정지었다. 구약 번역에는 영어 개역성경(RV)과 더불어 미국 표준역성경(ASV, 1901년)도 참고하였다고 본다.[14] 영어성경들 중에 '여호와'라는 하나님의 명칭을 사용한 성경은 미국표준역이 유일하였는데, 한글개역성경은 그 명칭을 사용했다. "한글 개역성경"(1938년 신약 출간)도 같은 원리에서 번역되었다고 보인다.

그것을 채택했다. ECM 사도행전과 요한복음이 준비 중이고, 2030년에 신약 전체를 완성할 예정이라고 한다.

13) Kurt Aland(1915-94)--독일 뮌스터, 신약본문연구소(INTF) 소장; Matthew Black(1908-94)--성 앤드류스 대학교 교수; Carlo M. Martini (1927-2012)--천주교 추기경; Bruce M. Metzger(1914-2007)--프린스턴 대학교 교수; Allen Wikgren(1906-98)--시카고 대학교 교수.

14) 나채운, 우리말 성경연구 (서울: 기독교문사, 1990), 50쪽.

2. 신약본문비평 자료들

(1) 헬라어 사본들

신약성경의 사본들은 2012년 현재 파피러스 사본 127개(p^{1}~p^{127}), 대문자 사본 303개(01~0303), 소문자 사본 2,818개(1~2818), 성구집 사본 2,281개(ℓ^{1}~ℓ^{2281}, Lect)로 도합 5,529개이다.[15]

파피러스 사본들 중에, 특히, 체스터 베티(p^{45}, p^{46}, p^{47})와 보드머(p^{66}, p^{72}, p^{75})라는 파피러스 묶음들(codex)은 큰 관심을 끌었다.

p^{45}는 4복음서와 사도행전의 일부인 30장으로 주후 3세기 것으로 추정된다. **p^{46}**은 바울 서신 총 104장 중 86장으로 주후 200년경의 것으로 추정된다. **p^{47}**은 요한계시록 9:10-17:2의 사본인 10장으로 주후 3세기 후반 것으로 추정된다. **p^{66}**은 요한복음으로 주후 200년경의 것이다. **p^{72}**는 베드로전후서와 유다서로 주후 3, 4세기의 것이다. **p^{75}**는 누가복음과 요한복음으로 주후 3세기 초의 것으로 본다.

대문자 사본들 중에, 시내 사본(א, Codex Sinaiticus)은 신약성경 전체 147½장으로 주후 4세기 것으로 추정된다.

바티칸 사본(B, Codex Vaticanus)은 신약성경 전체 총 142장으로 주후 4세기 것으로 추정된다(공동서신은 있으나, 히브리서 9:14 이하, 디모데전후서, 디도서, 빌레몬서, 요한계시록이 없음).

알렉산드리아 사본(A)은 신약성경 전체 총 143장으로 주후 5세기 것으로 추정된다(마태복음 1:1-25:6; 요한복음 6:50-8:52; 고린도후서 4:13-12:6이 빠져 있음).

에브라임 사본(C)은 신약성경 전체 총 145장으로 주후 5세기 것으로 추정된다(데살로니가후서와 요한이서가 없음). 이것은 팰림프세스트(palimpsest) 형태, 즉 원래의 내용을 지우고 그 위에 다른 내용

15) *The Greek New Testament*, 5th ed. (UBS, 2014).

을 썼던 사본이지만, 지워진 성경 본문을 화학물질로 회복시킨 것이다(C^1는 5세기 수정 본문).

베자 사본(D)은 4복음서, 사도행전, 및 요한삼서 일부로 좌측란은 헬라어 본문, 우측란은 라틴어 본문이며 5-6세기 것으로 추정된다.

존 버건(John W. Burgon)에 의하면, 주요 대문자 사본의 전수본문과의 중요한 차이는 ℵ은 3,392곳, B는 2,370곳, C는 1,798곳, D는 4,697곳이며, A는 842곳이다.16)

(2) 고대 역본들

고대 역본들 중에는 옛 라틴어역, 옛 수리아어역, 콥트어역, 아르메니아어역 등이 중요하다. 특히 옛 라틴어역과 옛 수리아어역과 콥트어역은 주후 2세기경에 번역되었다고 추정되므로 중요하다.

옛 라틴어역(이탈라 it)은 주후 2세기경에 번역되었을 것이다. 약 50개 이상의 사본이 남아 있다(복음서 사본들 중, it^a는 4세기, $it^{b\ d\ e}$ $it^{ff2\ g\ h\ i\ k}$ 등은 5세기의 것으로 봄). **라틴어 벌케이트역(vg)**은 주후 4세기 말 제롬이 주로 전통사본에서 번역했고, 7세기 이후 오랫동안 서방교회의 표준적 성경이 되었다. 8,000개 이상의 사본이 있다.

옛 수리아어 페쉬타역(syr^p)은 주후 2세기경에 번역되었을 것이라고 보며17) 수리아 교회의 표준 성경이다. 300개 이상의 사본이 있고 그것들의 연대는 4-5세기로 본다. **수리아어 시내 사본**(syr^s)과 **수리**

---

16) Burgon, *The Revision Revised*, p. 14; Miller, p. 95에서 재인용함.

17) 비평본문 학자들은 옛 라틴어역들과 라틴어 벌게이트역을 비교하면서 수리아어 페쉬타역이 본래의 수리아어역을 수정한 것이라고 주장하지만, 전통본문 학자들은 그것이 주후 2세기에 번역된 것으로 본다. 그 이유는 다음과 같다. 1. 벌게이트역과 달리, 수리아어 페쉬타역은 수정되었다는 아무런 역사적 기록이 없다. 2. 옛 라틴어역들의 심각한 다양성과 혼란과 달리, 수리아어역은 하나뿐이었다. 3. 라틴어와 달리, 헬라어는 수리아인들에게 잘 알려져 있는 언어이었다. Miller, pp. 74-75.

아어 쿠레토니안 사본(syr^{c})은 4세기의 것으로 본다.

옛 애굽어인 **콥트어역**도 주후 2세기경에 번역되었을 것이며, **콥트어 사히딕역**(cop^{sa})(남부방언)과 **콥트어 보하릭역**(cop^{bo})(북부방언)의 연대는 주후 4-5세기로 본다. 콥트어 보하릭역은 오늘날도 콥틱 교회의 공식적 성경이다.

아르메니아어역(arm)은 아마 주후 3, 4세기에 번역되었을 것이며 오늘날 사본들은 주후 4-5세기의 것으로 본다.

(3) 교부들의 성경 인용문들

주후 300년 이전의 헬라어 저자들 중에 중요한 인물은 Irenaeus(2세기), Diatessaron(사복음서 종합)의 저자 Tatian(2세기), Clement of Alexandria (215년 이전), Origen(253/254년)이며, 라틴어 저자들 중에 중요한 인물은 Tertullian(220년경), Cyprian(258년) 등이다.

(4) 성구집들(Lectionaries)과 예배 의식서들(Liturgies)

공적인 권위 아래 항상 읽혀진 것은 개인 저자의 글들보다 훨씬 더 큰 무게를 가진다. 그런 본문들은 일반적 비평에 계속 노출되어 왔을 것이다. 이와 같이 성구집들과 의식서들은 초대교회로부터의 인정과 사용으로 전해져 내려왔다.[18] 그 뿐만 아니라, 성구집들과 예배 의식서들은 그 연대가 매우 이르다. 동방교회의 성구집 제도는 매우 고대성을 가지며 바티칸 사본과 시내 사본보다 더 거슬러 올라가서 2세기 말 알렉산드리아의 클레멘트와 오리겐의 시대로 추적될 수 있다. 또 그것들의 사본들은 8세기까지 거슬러 올라간다.[19] 헬라교회의 공식적 성구집은 ℓ^{AD}로 표기한다.[20]

---

18) Miller, p. 110.
19) Ibid.
20) AD는 헬라정교회의 공식출판사인 Apostoliki Diakonia의 약자임.

3. 신약본문에 대한 두 견해

(1) 비평본문의 견해

신약성경의 본문에 대해 두 가지 견해가 있다. 하나는 비평본문의 견해이고 다른 하나는 전통본문의 견해이다.

비평본문의 견해는 앞에서 살펴본 대로 라크만, 트레겔레스, 티쉔도르프, 웨스트코트와 호트에 의해 제안되었다. 19세기 말, 비평본문의 대표적 주장자인 호트의 견해는 다음과 같은 요점을 가진다.[21)]

첫째, 호트는 사본 연대를 중시했다. 그는 시내 사본(א)과 바티칸 사본(B)이 그 당시 가장 오래된(4세기의) 사본이었으므로 중시했다.

둘째, 호트는 나름대로 사본들을 네 부류(families)로 분류했다.

(1) 수리아 부류--복음서들에서 알렉산드리아 사본(A), 후대 대문자 사본들, 다수의 소문자 사본들. 호트는 이 사본들을 원본에서 수정되고 변개된(corrupted) 본문이라고 보았다.

(2) 서방 부류--베자 사본(D), 옛 라틴어역, 수리아어 쿠레토니안 사본 등.

(3) 알렉산드리아 부류--에브라임 사본(C), 콥트어역(특히 보하릭역), 클레멘트, 오리겐 등의 교부들의 인용문들 등.

(4) 중립 부류--시내 사본(א)과 바티칸 사본(B) 등. 호트는 이 부류를 원본에 가장 가깝다고 보았다.

셋째, 호트는 수리아 본문을 무가치하다고 보았다. 그 이유는 다음과 같았다.

(1) 수리아 본문은 4세기에, 아마 안디옥의 루시안의 지도 아래, 수정된 본문이었을 것이다. (그러나 호트의 이 추측은 역사적 자료들로 증명되지 않았다.[22)])

---

21) Miller, pp. 38-44; Bruggen, *The Ancient Text of the New Testament* (1976), p. 15.

22) Bruggen, pp. 17-18.

(2) 수리아 본문은 고대 대문자 사본에서 발견되지 않는다. (그러나 단지 몇 개의 고대 사본을 가지고 전통본문을 평가하는 것은 잘못이며 특히 9세기에 대문자 사본들을 소문자 사본들로 음역 필사하는 과정을 고려해야 한다.)
(3) 수리아 본문에 대한 니케야 회의(주후 325년) 이전 교부들의 증거가 없다. (그러나 5세기 이전 교부들의 인용문들이 고대 사본들보다 전통본문과 일치하는 경우가 더 많으며 파피러스들과 역본들도 전통본문을 지지하는 경우들이 많다.)
(4) 수리아 본문은 다른 본문들의 절충적 혼합(eclectic combination)에 의한 융합 혹은 합성(conflate or composite) 본문이다. (그러나 호트는 이 중요한 명제를 주장함에 있어서 단지 8개의 예를 근거로 제시한다. 그러나 그 예들은 이런 중대한 명제를 위한 근거로는 너무 부족하다.)

넷째, 호트는 바티칸 사본(B)과 시내 사본(ℵ)을 그것들의 고대성과 그 순수함 때문에 우수하다고 보았다. 그는 바티칸 사본(B)과 시내 사본(ℵ), 둘 중에 바티칸 사본을 더 순수하다고 보았다. (그러나, UBS 4판의 비평각주들을 검토해보면, 바티칸 사본과 시내 사본은 오류가 너무 많은 열등한 사본들이라는 것이 분명하다.)

이와 같이, 웨스트코트와 호트는 고대 사본인 ℵ와 B를 중시하며 그 우수성을 강조하였고, 또 헬라어 사본들을 넷으로 분류하고 소위 수리아 본문은 절충적 혼합본문 즉 융합본문이며 니케야 회의 이전의 교부들의 증거가 없는 무가치한 본문이라고 간주하였다. 그들은 교회가 이제까지 가지고 있었던 전통본문(TR)을 완전히 버렸다. 그것은 라크만, 트레겔레스, 티쉔도르프에게서 물려받은 전통이었다. 이것은 매우 중요한 점이다. 웨스트코트와 호트의 이론이 널리 퍼지면서 전수본문(TR) 혹은 전통본문은 무가치한 본문으로 간주되었고 이 사실이 마치 너무 확실한 것처럼 인식되었다.

그 이후 지금까지 다수의 본문비평학자들이나 신학자들과 목사들이 전수본문(TR)이나 전통본문(Traditional Text) 즉 비잔틴 다수본문에 대한 그런 선입견을 가지게 되었다. 그러므로 신약성경의 본문은 웨스트코트와 호트의 이론 때문에 큰 혼란과 방황의 역사를 시작하게 된 것이다. 비평본문 전통을 이어받은 네슬레(Nestle) 27판 헬라어성경이나 연합성서공회(UBS) 4판 헬라어성경은 א와 B의 문제점을 인식하면서도 여전히 근본적인 변화를 가지지 못하고 있다.

(2) 전통본문의 견해

다른 한편, 전통본문의 견해의 요점은 다음과 같다. 본문비평가의 첫 번째 목표는 전통본문을 발견하는 것이다. 이 일을 위해 이 학파의 중심 원리들은 다음과 같이 표현된다. 모든 고대의 증거자료들은 공정하게 또 상대적으로 취급되어야 한다. 고대의 증거자료들이란, 대문자 사본들을 비롯해, 소문자 사본들, 역본들, 성구집들, 교부들의 인용문들을 포함한다. 그것들은 검토되어야 하고 각 자료는 자신에게 합당한 중요성이 부여되어야 한다. 한 점에 집중되는 다양한 증거자료들이 더 많이 발견될수록, 또한 교회의 모든 지역들과 모든 시대들, 특히 가장 오랜 시대의 증거자료들이 더 완전히 일치될수록, 그 무게는 훨씬 더 커질 것이다. 충분한 증거자료들의 부족은 결코 있지 않고, 또 내면적 중요성으로부터, 다양성으로부터, 혹은 수효로부터, 지혜와 깨달음과 분별력 있는 검토 후 우월하다고 발견되는 결론들이 따를 것이다. 하나님의 일들에 대해서는 경외함과 조심성이 필수적이다. 이루어지는 모든 것들은 반드시 잘 이루어져야 한다. 문제를 성급하게 해결하려다가 그것들을 흐트러뜨림으로 끝마치는 것보다 겸손하게 침착하고 지혜로운 진전을 돕는 것이 더 낫다.[23]

특히, 전통본문 학자들은 전통본문이 어떤 비평학자들의 태도처럼

23) Miller, pp. 61-62.

그것을 욕하고 발로 차도 될 그런 본문이 아니고 마땅히 존중되어야 할 본문이라고 주장한다. 그러므로 전통본문학파는 전통본문에 대해 가장 큰 중요성을 두고, 비록 그것의 정확한 대표물은 아니지만 뛰어난 대표물로 전수본문(TR)에 대해 중요성을 둔다. 그러나 전수본문(TR)의 수정이 필요하다는 것은 인정된다. 버건은 말하기를, "우리는 반복해서 전수본문(TR)의 수정이 필요하다는 것을 지적해야 할 것이다"라고 했다.[24)]

또 에드워드 밀러는 내면적 증거들도, 비록 그것들이 외적 증거들보다 훨씬 열등하지만, 그 위치에서 유용하다고 보았다. 그는 다음과 같은 원리들을 수용할 수 있다고 보았다.

(1) 본문(reading)이 어려울수록, 그 본문은 날조되었을 가능성이 적고 참된 본문일 가능성이 많다(벵겔). (예) 눅 6:1, "두 번째 첫째 안식일에."

(2) 더 간결한 본문이 더 산만한 본문보다 더 낫다(그리스바하). (예) 눅 12:56 (UBS^4 보기).

(3) 변이의 원인이나 이유를 설명할 수 있는 본문이 더 낫다(티쉔도르프). (예) 행 28:1, "멜리테" (UBS^4 보기).

(4) 저자의 특색이 있는 본문이 원본의 본문일 가능성이 더 크다. (예) 요 7:53-8:11.

(5) 각 자료의 특별한 성격과 어법이 그것의 무게를 평가하는 데 고려되어야 한다. (예) B의 생략, א의 부주의함, D의 삽입.

(6) 오류가 있어 보이는 필사, 글자들의 순서 바뀜, 모음과 이중모음의 혼동 등은 당연히 고려되어야 한다. (예) 마 11:16; 행 18:7.

(7) 말이 안 되거나, 의미나 구조를 손상시키는 것은 아마 참된 본문이 아닐 것이다. (예) 마 21:31에서 D.

그러나 모든 사람들 속에 계신 참된 인도자는 성령 하나님이시다.[25)] 그가 우리를 진리 가운데로 인도하실 것이다.

---

24) Dean Burgon, *The Revision Revised*, p. 21 note.
25) Miller, pp. 119-122.

4. 비평본문의 문제점

(1) 고대 사본들 간에 차이점들이 많음

먼저 비평본문의 문제점을 살펴보자. 비평본문은 고대 사본들 특히 시내 사본(א)과 바티칸 사본(B)을 매우 중시하였다. 그러나 고대 사본들은 문제가 많다. 첫째로, 고대 사본들은 서로 간에 많은 다르다. 호트가 대문자 사본들 중 주후 4세기 것이라고 해 원본에 가깝다고 중시하였던 시내 사본(א)과 바티칸 사본(B)의 본문들은 서로 많이 다르다. 또 시내 사본(א)과 바티칸 사본(B)보다 연대가 더 이른 주후 3세기의 파피러스 사본들(특히, 체스터 베티와 보드머)의 본문들은 시내 사본과 바티칸 사본의 본문들과 서로 많이 다르다. 또 그 파피러스 사본들 간에도 서로 많이 다르다.

고대 사본들 서로 간의 차이에 대한 예들을 들어보자.

<u>א 본문과 B 본문은 서로 많이 다름</u>

4세기의 대문자 사본들인 א과 B의 본문들이 서로 다른 예들을 몇 개 들어보자.

눅 10:1, “이 후에 주께서 달리 70인을 세우사.”

“70인”--Byz א A C W syr^{p} cop^{bo} Irenaeus^{lat} Clement Origen
“72인”--UBS p^{75} B D it$^{a\ b\ d\ e}$ vg syr$^{c\ s}$ cop$^{sa\ bo\text{-}ms}$ arm geo Diatessaron

눅 14:5, “누가 그 아들이나 소나 우물에 빠졌으면 안식일에라도.”

“아들이나 소”--UBS Byz p$^{45\ 75}$ A B W it^{e} syr^{p} cop^{sa} geo
“나귀나 소”--א it$^{a\ b\ ff2}$ vg syr$^{(s)}$ cop$^{bo\ fay}$ arm

눅 23:17, “(없음)”

“명절을 당하면 반드시 한 사람을 놓아주더라”--Byz א W it$^{b\ e\ ff2}$ vg syr^{p} (cop$^{bo\text{-}mss}$) arm

(위의 구절이 생략됨)--UBS p^{75} A B it^{a} vg^{ms} $cop^{sa\ bo\text{-}pt}$

눅 24:51, "축복하실 때에 저희를 떠나 하늘로 올리우시니."

"하늘로 올리우시니"--UBS Byz p^{75} A B C W vg syr^{p} $cop^{sa\ bo}$ arm

(위의 구절이 생략됨)--$\aleph^{*}$ D $it^{a\ b\ d\ e\ ff2}$ syr^{s}

행 13:48, "하나님의 말씀을 찬송하며 영생을 주시기로 작정된 자는."

"주의 말씀"--UBS Byz p^{45} ℵ A C it vg $cop^{sa\text{-}mss\ meg}$ arm geo

"하나님의 말씀"--B D $cop^{sa\text{-}ms\ bo}$

갈 6:15, "할례나 무할례가 아무것도 아니로되 오직 새로 지으심을."

"그리스도 예수 안에서 할례나 무할례"--Byz ℵ A C it^{d} vg $cop^{sa\text{-}mss\ bo\ fay}$ arm^{mss}

"할례나 무할례"--UBS p^{46} B (syr^{p}) $cop^{sa\text{-}mss}$ arm^{mss}

빌 4:23, "주 예수 그리스도의 은혜가 너희 심령에 있을지어다."

"있을지어다. 아멘"--Byz p^{46} ℵ A it^{d} vg syr^{p} cop^{bo} arm geo

"있을지어다"--UBS B cop^{sa}

호스키어는 ℵ과 B가 마태복음에서 656곳, 마가복음에서 567곳, 누가복음에서 791곳, 요한복음에서 1,022곳, 합하여 네 복음서들에서만 3,036곳에서 서로 다르다고 말하였다.[26] UBS 4판 사복음서 비평각주에서만 272곳이 서로 다르다.[27]

파피러스들의 본문이 ℵB 본문과 많이 다름

3세기의 파피러스들, 특히 체스터 베티(p^{45} p^{46} p^{47})와 보드머 파피러스(p^{66} p^{72} p^{75}) 사본(codex)들의 본문들이 4세기의 ℵ와 B의 본문들과 많이 다른 예들을 들어보자.

---

26) Herman C. Hoskier, *Codex B and Its Allies* (London: Bernard Quaritch, 1914), 2:1.

27) http://www.oldfaith.com/00download/04text/00NTtextstudy(four-gospels).pdf

눅 10:42, "그러나 몇 가지만 하든지 혹 한 가지만이라도 족하니라."

"한 가지가 필요하다"--UBS Byz $p^{45\ 75}$ A C^{*} W vg $syr^{p\ c}$ cop^{sa}

"그러나 몇 가지만 하든지 혹 한 가지만이라도 족하니라"--א B cop^{bo}

눅 12:31, "오직 너희는 그의 나라를 구하라. 그리하면 이런 것을."

"하나님의 나라"--Byz p^{45} A W $it^{b\ d\ e\ ff2}$ $vg^{ww\ st}$ $syr^{c\ s}$ arm geo $Diatessaron^{syr}$ Tertullian

"그 나라"--p^{75}

"그의 나라"--UBS א B D^{*} it^{a} $cop^{sa\ bo}$

눅 15:21, "아버지의 아들이라 일컬음을 감당치 못하겠나이다 하나."

"나를 품꾼의 하나로 보소서"--א B it^{d} vg^{mss}

"(위의 구절이 생략됨)"--UBS Byz p^{75} A W $it^{a\ b\ e\ ff2\ i}$ vg syr^{p} $syr^{c\ s}$ $cop^{sa\ bo}$ arm geo

행 16:32, "주의 말씀을 그 사람과 그 집에 있는 모든 사람에게 전하더라."

"주의 말씀"--UBS Byz p^{45} A C D it^{d} vg syr^{p} $cop^{sa\ bo}$ arm geo

"하나님의 말씀"--$א^{*}$ B

롬 16:25-27, "나의 복음과 예수 그리스도를 전파함은 . . . "

(본문 그대로)--[UBS] א B C it^{d*} vg syr^{p} $cop^{sa\ bo}$ $Origen^{lat}$

(본문 그대로와 14:23 후에도)--A arm

(14:23 후에)--Byz vg^{mss}

(15:33 후에)--p^{46}

고전 3:3, "너희 가운데 시기와 분쟁이 있으니 어찌 육신에 속하여."

"시기와 분쟁과 분열들"--Byz p^{46} it^{d} syr^{p} Irenaeus ($Origen^{lat\ 1/4}$) Cyprian

"시기와 분쟁"--UBS א A B C 048 vg $cop^{sa\ bo\ fay}$ arm Clement $Origen^{gr}$ $Origen^{(lat\ 3/4)}$

고전 9:20, "율법 아래 있는 자들에게는 내가 율법 아래 있지 아니하나."

"내가 율법 아래 있지 아니하나"--UBS א A B C it^{d} vg $cop^{sa\ bo}$ arm $Origen^{1/2}$

(위의 구절 생략됨)--Byz p^{46} syr^{p} geo $Origen^{1/2}$

UBS 4판의 사복음서 비평각주에서만, 2-3세기 파피러스가 ℵ와 B 대신에 Byz을 지지하는 경우가 26개이다.[28)]

파피러스들의 본문들 간에도 서로 다른 점들이 많음

3세기 파피러스 사본(codex)들의 본문들 간에 서로 다른 예들을 몇 개 들어보자.

눅 12:31, "오직 너희는 그의 나라를 구하라. 그리하면 이런 것을."

"하나님의 나라"--Byz p^{45} A W $it^{b\ d\ e\ ff2\ i}$ $vg^{ww\ st}$ $syr^{p\ c\ s}$ arm Diatessaron^{syr} Tertullian

"하나님의 나라와 그의 의"--vg^{cl}

"그 나라"--p^{75}

"그의 나라"--UBS ℵ B D* it^{a} $cop^{sa\ bo}$

요 6:69, "우리가 주는 하나님의 거룩하신 자신 줄 믿고 알았삽나이다."

"살아계신 하나님의 아들 그리스도"--Byz it^{ff2} syr^{p} cop^{bo-mss} Cyprian$^{1/2}$

"하나님의 거룩하신 자"--UBS p^{75} ℵ B C* D W it^{d} $cop^{sa-ms\ pbo}$

"하나님의 거룩하신 그리스도"--p^{66} $cop^{sa-mss\ bo\ ach2}$

"하나님의 아들 그리스도"--$it^{a\ e}$ vg syr^{s} arm

"하나님의 아들"--it^{b} syr^{c}

"그리스도"--Tertullian

요 10:34, "예수께서 가라사대 너희 율법에 기록한 바."

"예수께서(ὁ 'Ιησοῦς)"--UBS([ὁ]) Byz p^{75} ℵ A

"예수께서('Ιησοῦς)"--p^{45} B W

요 10:38, "내가 행하거든 나를 믿지 아니할지라도 그 일은 믿으라."

"믿으라"(πιστεύσατε--제1부정과거 명령법)--Byz $p^{45\ 66}$ A

"믿으라"(πιστεύετε--현재 명령법)--UBS p^{75} ℵ B D W

---

28) 마 12:4; 20:30; 막 6:41; 7:31, 35; 9:29; 눅 12:31; 13:27a; 15:21; 24:47; 요 1:13b, 26; 2:24; 4:1; 7:8; 8:54; 10:18; 11:31; 12:1, 9, 28; 13:2a; 14:2, 4; 19:24, 39.

요 11:32, "마리아가 예수 계신 곳에 와서 보이고."

"마리아"(Μαρία)--Byz $p^{45\ 66*}$ ℵ A D W cop

"마리아"(Μαριὰμ)--UBS p^{75} B C^{*}

엡 5:9, "빛의 열매는 모든 착함과 의로움과 진실함에 있느니라."

"성령의 열매"--Byz p^{46}

"빛의 열매"--UBS p^{49}(3세기) ℵ A B it^{d} vg syr^{p} $cop^{sa\ bo}$ arm Origen

다수본문 헬라어 성경의 요한복음 비평각주에서, p^{66}, p^{75}, p^{45} 사본들의 본문들이 서로 다른 경우들은 총 98구절이다.[29]

그러므로 고대 사본들의 본문들 간에 이와 같이 서로 다른 부분들이 많은 상황이라면, 사본의 연대가 이르다는 것이 도대체 무슨 의미가 있는 것인가? 어느 사본이 원본을 반영한다고 볼 수 있겠는가?

(2) 고대 사본들이 부정확해 보이는 경우들이 많음

둘째로, 고대 사본들의 본문들이 서로 다른 경우들이 많을 뿐 아니라, 고대 사본들의 본문들이 명확히 부정확하다고 판단되는 경우들도 많이 있다. 우리가 확정적으로 무엇을 말하기는 쉬운 일이 아니겠지만, 어떤 고대 사본의 본문(reading)이 홀로 떨어져 있거나 혹은 소수의 지지만 가지고 대다수의 다른 고대 사본들과 증거들(역본들, 초대 교부들의 인용문들)의 본문이 다를 때, 우리는 그 고대 사본의 본문이 부정확하다고 판단할 수 있을 것이다. 몇 가지 예들을 들어보자.

---

29) 요 1:18, 46, 49; 2:4, 11, 15, 24; 3:15, 23, 31; 4:11, 14, 31, 39, 50, 53; 5:12, 17, 37, 37; 6:2, 7, 7, 10, 10, 42, 43, 45, 55, 55, 57, 58, 60, 71; 7:3, 4, 9, 12, 34, 36, 39, 42, 46, 52; 8:16, 28, 38, 44, 51, 52, 54, 55, 55, 58; 9:10, 11, 11, 12, 17, 19, 26, 32, 35; 10:7, 16, 19, 22, 26, 27, 28, 31, 32, 34, 38, 38; 11:17, 19, 22, 24, 28, 28, 29, 29, 31, 31, 32, 32, 54; 12:6, 16, 22, 22, 34, 36, 36; 14:10, 16, 19.

ℵ 본문이 명확히 부정확해 보이는 예들

마 6:33, "너희는 먼저 그의 나라와 그의 의를 구하라."

"하나님의 나라와 그의 의"--[UBS] Byz W it$^{a\ b\ h}$ vg$^{cl\ ww}$ syr$^{p\ c}$ cop^{meg} arm Diatessaron^{syr}

"그 나라와 그의 의"--ℵ

"그 의와 그의 나라"--B

"그의 나라"--한글개역 cop$^{sa\ bo}$

마 14:29, "베드로가 배에서 내려 물 위로 걸어서 예수께로 가되."

"예수께로 가기 위해 물 위로 걸어가되"--Byz D it$^{a\ b\ d\ e\ ff2}$ vg syr^{p} cop$^{meg\ bo}$ Origen

"물 위로 걸어갔고 예수께로 가되"--UBS B C^{*vid} syr$^{c\ s}$ arm

"예수께로 가기 위해 물 위로 걸어갔고 그러므로 갔더라"--ℵ*

눅 24:51, "축복하실 때에 저희를 떠나 하늘로 올리우시니."

"하늘로 올리우시니"--UBS Byz p^{75} A B C W vg syr^{p} cop$^{sa\ bo}$ arm

(위의 구절 생략됨)--ℵ* D it$^{a\ b\ d\ e\ ff2}$ syr^{s}

고전 7:15, "그러나 하나님은 화평 중에서 너희를 부르셨느니라."

"우리를"--Byz p^{46} B it^{d} vg syr^{p} cop$^{sa\ fay}$ arm geo Tertullian

"너희를"--UBS ℵ* A C cop^{bo}

B 본문이 명확히 부정확해 보이는 예들

요 1:13, "이는 혈통으로나 육정으로나 사람의 뜻으로 나지 아니하고."

"사람의 뜻으로 나지 아니하고"--UBS Byz p$^{66\ 75}$ (ℵ) A C it$^{a\ b\ e}$ it^{ff2} vg syr^{p} cop$^{sa\ bo}$ arm Irenaeus^{lat} Origen Tertullian

(위의 구절이 생략됨)--B*

요 3:34, "이는 하나님이 성령을 한량없이 주심이니라."

"하나님이 성령을"--Byz A D it$^{a\ (d)}$ vg syr^{p} cop$^{sa\ bo}$ Origen^{lat}

"그가 성령을"--UBS p$^{66\ 75}$ ℵ C* it$^{b\ e}$ Origen^{gr}

(위의 구절이 생략됨)--B*

요 9:6, "땅에 침을 뱉아 진흙을 이겨 그의 눈에 바르시고."

"바르시고"(ἐπέχρισεν)--UBS Byz $p^{66\ 75}$ ℵ A C D $it^{a\ b\ d\ e\ ff2}$ vg $syr^{p\ s}$ $cop^{sa\ bo}$ arm $Irenaeus^{lat}$

"두시고"(ἐπέθηκεν)--B Diatessaron

요 11:2, "이 마리아는 향유를 주께 붓고 머리털로 주의 발을."

"마리아"(Μαρία)--Byz p^{66} ℵ A D W cop

"마리아"(Μαριὰμ)--UBS p^{6vid} B

요 11:21, "마르다가 예수께 여짜오되 주께서 여기 계셨더면."

"주여, 주께서"--UBS Byz $p^{66\ 75}$ ℵ A C D $it^{a\ b\ d\ e\ ff2}$ vg syr^{p} cop arm geo $Diatessaron^{(syr)}$

('주여'가 생략됨)--B syr^{s}

요 12:28, "아버지여, 아버지의 이름을 영광스럽게 하옵소서 하시니."

"아버지의[당신의] 이름을"--UBS Byz $p^{66\ 75}$ ℵ A $it^{a\ b\ e\ ff2}$ vg syr^{p} syr^{s} $cop^{sa\ pbo\ ach2}$ arm geo Tertullian

"나의 이름을"--B

ℵ 본문과 B 본문이 함께 명확히 부정확해 보이는 예들

마 12:4, "그가 하나님의 전에 들어가서 . . . 먹지 못하는 진설병을."

"그가 . . . 먹지"--Byz p^{70} C D W $it^{a\ b\ d\ h\ k}$ vg $syr^{p\ c}$ $cop^{sa\ meg}$ cop^{bo} arm geo Diatessaron

"그들이 . . . 먹지"--UBS ℵ B

마 13:43, "귀 있는 자는 들으라."

"들을 귀"--Byz C D $it^{d\ ff2\ h}$ vg^{cl} $syr^{p\ c\ s}$ cop $Diatessaron^{arm}$

"귀"--UBS $ℵ^{*}$ B $it^{a\ b\ e\ k}$ vg

마 18:15, "네 형제가 죄를 범하거든 가서 너와 그 사람과만 상대하여."

"네게 죄를 범하거든"--UBS Byz D $it^{a\ b\ d\ e\ ff2\ h}$ vg $cop^{meg\ bo\text{-}pt}$ arm geo

"죄를 범하거든"--ℵ B

마 23:23, "그러나 이것도 행하고 저것도 버리지 말아야 할지니라."

"버리지"(ἀφιέναι)(ἀφίημι의 현재 부정사)--UBS Byz C D W it[a] it[d e ff2 h] vg arm Origen[lat]
"버리지"(ἀφεῖναι)(오자인 듯. 그런 단어 없음)--ℵ B

행 16:32, "주의 말씀을 그 사람과 그 집에 있는 모든 사람에게."

"주의 말씀"--UBS Byz p[45] A C (D) it[d] vg syr[p] cop[sa bo] arm geo
"하나님의 말씀"--ℵ* B

UBS 4판 사복음서 비평각주에서, ℵ의 고대적 지지가 매우 빈약한 경우가[30] 68개, B의 고대적 지지가 매우 빈약한 경우가 63개, ℵB이 함께 고대적 지지가 매우 빈약한 경우가 34개나 된다.[31] 이 예들은 웨스트코트와 호트가 원본에 가장 가까운 중립본문이라고 선호했던 ℵ와 B가 부정확하고 신뢰할 수 없는 사본이라는 사실을 잘 드러낸다.

19세기 말 신약성경의 비평본문 이론이 교회들 안에 점점 우세해지고 있었을 때 신약성경의 전통본문을 옹호했던 스크리브너, 버건, 캐논 쿡 등은 바티칸 사본과 시내 사본이 부당하게 높임을 받았다고 주장했고 웨스트코트와 호트의 이론들이 견고한 기초가 없다고 주장하였다.[32] 또 캐논 쿡(Canon Cook), 크리스토퍼 워즈워스(Christopher Wordsworth), 촬스 워즈워스(Charles Wordsworth), 라이헤(J. G. Reiche), 쿠엔넨(A. Kuenen), 코벳(C. G. Cobet), 미켈슨(J. H. A. Michelsen) 등도 B과 ℵ에 대한 지나친 높은 평가에 대해 비평하였다.[33] 바티칸 사본(B)과 시내 사본(ℵ)의 한 특징은 부주의함이며 이것은 특히 시내

30) '매우 빈약하다'는 의미는 5세기 이전의 사본, 역본, 2-3세기의 교부들의 인용문들 등 고대적 지지가 2개 이하이며, Byz에 대한 고대적 지지와 5개 이상의 차이가 있는 경우를 임의적으로 선정함.

31) 성경구절은 다음을 참고하라. http://www.oldfaith.com/00download/04text/00NTtextstudy(fourgospels).hwp

32) Miller, p. 35; Burgon, *The Revision Revised,* pp. 11-17, 249, 262-265.

33) Miller, pp. 34-36.

사본에서 더 그러하다. 이것은 완전한 사본이 아니고 우수한 사본과도 거리가 멀다. 티쉔도르프도 바티칸 사본을 대조 연구한 후에 그것의 전체적 결함들에 대해 말하였다. 도빈(Dobbin)은 바티칸 사본에 2,556개의 생략이 있다고 말했다.[34] 바티칸 사본 편집자인 베셀론(Vercellone)은 바티칸 사본의 '영속적 생략들' '절의 반, 절 전체, 그리고 심지어 몇 개의 절들의 생략들'에 대해 말하였다. 시내 사본은 더 나쁘다고 평가된다.[35]

파피러스 사본들의 본문들이 명확히 부정확해 보이는 예들

막 6:21. "헤롯이 자기 생일에 대신들과 천부장들과."

"생일에"(ἐν τοῖς γενεσίοις)--p[45]
"생일에"(τοῖς γενεσίοις)--그 외의 모든 사본들, 역본들
* Nestle[27]에 나오는 negative apparatus(소극적 비평각주)라는 것.

---

34) 그는 마태복음에서 330개, 마가복음에서 365개, 누가복음에서 438개, 요한복음에서 357개, 사도행전에서 384개, 또 서신들에서 681개라고 세었다. Miller, p. 56 footnote 4.

35) 밀러에 의하면, 콘스탄틴 황제가 아마 주후 330-340년경 유세비우스에게 성경 사본 50권을 보내라는 명령을 주었는데 바티칸 사본과 시내 사본이 이 50권 가운데 있었다고 추정할 이유들이 있다. 우선 필사 연대가 비슷하다. 티쉔도르프의 견해에 의하면, 바티칸 사본의 필사자는 시내 사본의 쌍으로 된 여섯 장을 필사했고, 이것은 스크리브너도 확인하였다. 이 사본들은 그 양피지의 아름다움과 기타 다른 화려함에 있어서 다른 것들과 비교될 수 없을 정도인데, 그것은 황제의 명령을 받든 사본에 적합하다. 또 그 두 사본은 본문의 전체적 유사성에서 추론할 수 있듯이 자매 사본이다. 그 사본들은 생략이 많고, 바삐 일을 수행한 것처럼 부주의함의 표시들을 보인다. 게다가, 시내 사본에는 그것이 팜필루스가 오리겐의 헥사플라를 따라 수정한 매우 오래된 사본과 대조되었다는 말이 명시되어 있다. 이 기록은 7세기의 것으로 보인다. 이 두 사본은 유세비우스와 오리겐의 영향 속에 필사된 것이라고 보인다. Miller, pp. 81-83.

눅 9:33, "주여, 우리가 여기 있는 것이 좋사오니 우리가 초막 셋을."

"선생님이여"(διδάσκαλε)--p[45]

"선생님이여"(ἐπιστάτα)--그 외의 모든 사본들, 역본들

눅 10:37, "예수께서 이르시되 가서 너도 이와 같이 하라 하시니라."

Πορεύου καὶ σὺ καὶ ποίει--p[45]

Πορεύου καὶ σὺ ποίει--그 외의 모든 사본들, 역본들

눅 11:12, "알을 달라 하면 전갈을 주겠느냐?"

"떡"(ἄρτον)--p[45]

"알"(ᾠόν)--그 외의 모든 사본들, 역본들

눅 11:27, "이 말씀 하실 때에 무리 중에서 한 여자가 음성을 높여."

"(그 말씀)"--p[75]

"이 (말씀)"--그 외의 모든 사본들, 역본들

눅 12:2, "숨은 것이 알려지지 않을 것이 없나니."

(아래의 구절이 생략됨)--p[45]

"그리고 숨은 것이 알려지지 않을 것이 [없나니]"(καὶ κρυπτὸν ὃ οὐ γνωσθήσεται)--그 외의 모든 사본들, 역본들

눅 12:24, "너희는 새보다 얼마나 더 귀하냐?"

"너희는"(ὑμεῖς 생략)--p[75]와 소수의 사본들

"너희는"(ὑμεῖς)--그 외의 모든 사본들, 역본들

파피러스 사본들이 명확히 부정확하게 보이는 곳들은 Nestle 27판의 비평각주들에서 많이 찾아볼 수 있다.[36)]

이상에서 살펴본 대로, 고대 사본들 간에 차이점들이 많고, 명확히 부정확해 보이는 경우들이 많기 때문에, 그 사본들은 신빙성, 정확성, 권위성을 가지지 못한다. 이와 같이 고대 사본들은 원본의 본문을 더 충실히 반영하고 있다고 단정할 수 없다. 단지 어떤 사본의 연대가

---

36) 마가복음에서 몇 개의 예를 들면 다음과 같다. 막 6:21, 40, 41, 48; 7:8, 28; 8:11, 12, 16, 38, 38; 9:25, 27, 50 등.

이르다는 사실이 그것이 원본에 가깝고 결함이 적다고 단정할 충분한 이유는 아니다. 고대 사본이라 할지라도 교회에서 인정받지 못하고 버려졌던, 부정확하고 변질된 사본일 가능성이 있다.

오늘날 비평본문을 주장하는 학자들도 이 사실을 인식하기 때문에 UBS 4판은 시내 사본과 바티칸 사본의 본문을 많이 포기하였다. UBS 4판이 시내 사본과 바티칸 사본이 함께 가진 본문을 버린 곳이 사복음서에서 85개에 이른다. 또 그 중에 시내 사본과 바티칸 사본을 버리고 비잔틴 사본을 택한 경우가 사복음서에서 52개나 된다.[37]

이것은 웨스트코트와 호트가 시내 사본과 바티칸 사본의 본문을 원본에 가장 가까운 중립본문이라고 생각했던 것과 다르다. 이것은 후대의 본문비평학자들이 그 두 사본의 부정확함을 인정한 것이다.

네슬레 26판 편집자들은 이 사실을 인정하며 다음과 같이 말했다.

> 이 본문은 수많은 그리고 상당히 의미 있는 점들에 있어서 웨스트코트-호트의 본문과 다르다. . . . '중립 본문'이라는 개념은 물러났다(retired). 바티칸 사본도 시내 사본도 (심지어 200년 더 이른 p^{75}도) 우리가 본문을 결정하기 위해 정상적으로 의존할 수 있는 가이드라인[기준]을 줄 수 없다. 웨스트코트-호트와 티쉔도르프의 시대는 확실히 끝났다![38]

(3) 비평본문(UBS판)은 매우 주관적임

UBS 4판 본문은 매우 주관적이고 근거가 약한 것들도 많이 보인다. UBS 4판에 각주를 붙인 1,438개의 본문에는 A B C D로 확실성의 정도가 표시되어 있다. UBS 본문은 바티칸 사본과 시내 사본의

37) http://www.oldfaith.com/00download/04text/00NTtextstudy(four-gospels).hwp

38) Nestle-Aland, *Novum Testamentum Graece* (Stuttgart: Deutsche Biblelgesellschaft, 1993), 26th ed., Introduction, p. 43*.

본문을 여전히 선호하지만, 그 본문을 버린 경우도 많고 또 그 대신 비잔틴 본문을 택한 경우도 많다.[39] 또 고대적 증거들이 비슷한 경우들에도 본문 선택에 일관성이 없고, 근거가 극히 약한 경우들도 있다.

UBS 4판 사복음서 비평각주에 대한 한 연구에 의하면, UBS 본문이 ℵ와 B를 동시에 버린 경우가 85개이며, ℵ와 B를 동시에 버리고 Byz를 택한 경우가 약 52개이다. 또 고대적 지지가 상대적으로 많이 빈약한 경우가 사복음서에서 약 41개이다.[40] 예를 들어 보자.

마 11:15, "귀 있는 자는 들을지어다."

"들을 귀 있는 자"--Byz ℵ C it$^{a\ b\ h}$ vg syr$^{p\ c}$ cop$^{meg\ bo}$ arm Diatessaron^{arm} Justin

"귀 있는 자"--UBS B D it$^{d\ k}$ syr^{s}

마 12:4, "그가 하나님의 전에 들어가서 . . . 먹지 아니하였느냐?"

"그가 . . . 먹었다"--Byz p^{70} C D W it$^{a\ b\ d\ h\ k}$ vg syr$^{p\ c}$ cop$^{sa\ meg}$ cop^{bo} arm Diatessaron

"그들이 . . . 먹었다"--UBS ℵ B

마 12:15, "예수께서 아시고 거기를 떠나가시니 사람이 많이 좇는지라."

"많은 무리"--UBS Byz C D W it^{d} syr^{p} cop$^{sa\text{-}ms\ bo}$ arm Origen

"많은 사람"--ℵ B it$^{a\ b\ ff2}$ vg (syr$^{c\ s}$)

마 12:25, "예수께서 저희 생각을 아시고 가라사대."

εἰδὼς δὲ ὁ Ἰησοῦς--Byz C W it$^{a\ b\ ff2\ h}$ vg syr^{p} cop^{meg} arm geo

εἰδὼς δὲ--UBS ℵ* B cop^{sa}

마 14:24, "배가 이미 육지에서 수리나 떠나서."

"바다 가운데 있어"--Byz ℵ C (D) W it$^{a\ b\ (d\ e)\ ff2\ h}$ vg cop$^{meg?\ fay?}$ Origen

---

39) 마태복음에서 예를 들면, 6:33; 8:21; 12:15; 15:15, 31; 16:2-3; 18:15; 19:10; 20:31; 23:23; 27:49 등이다.

40) http://www.oldfaith.com/00download/04text/00NTtextstudy(four-gospels).hwp

(본문)--UBS B syr$^{p\ c}$ (cop^{sa})

마 14:29, “물 위로 걸어서 예수께로 가되.”

“예수께 가려고 물 위로 걸어가다가”--Byz D W it$^{a\ b\ d\ e\ ff2}$ vg syr^{p} cop$^{meg\ bo}$ Origen

(본문)--UBS B C^{*vid} syr$^{c\ s}$ arm

“가려고 물 위로 걸어갔다. 그러므로 그가 걸어갔다”--ℵ*

마 19:20, “이 모든 것을 내가 지키었사오니.”

“어릴 때부터”--Byz C D W it$^{a\ b\ d\ e\ ff2\ h}$ vg^{cl} syr$^{p\ (s\ c)}$ cop$^{sa\ meg}$ cop^{bo} arm Origen$^{gr\ lat}$

(생략)--UBS ℵ* B vg Cyprian

마 19:29, “내 이름을 위하여 집이나 형제나 자매나 부모나 자식이나 전토를 버린 자마다 여러 배를 받고.”

“부모나 아내나 자식이나”--Byz ℵ C W it^{h} vg syr^{p} cop$^{sa\ meg\ bo}$ arm Origen

“부모나 자식이나”(본문)--UBS B it^{a}

마 20:10, “저희도 한 데나리온씩 받은지라.”

καὶ αὐτοὶ ἀνὰ δηνάριον--Byz D W it$^{a\ b\ e\ ff2\ h\ n}$ vg Origen^{lat}

τὸ ἀνὰ δηνάριον καὶ αὐτοί--UBS ℵ

ἀνὰ δηνάριον καὶ αὐτοί--B

마 20:23, “내 좌우편에 앉는 것은 나의 줄 것이 아니라.”

οὐκ ἔστιν ἐμὸν δοῦναι--Byz ℵ B it$^{a\ b\ d\ e\ ff2\ (h)}$ vg syr^{p} cop$^{sa\ meg}$ cop^{bo} arm geo Origen

οὐκ ἔστιν ἐμὸν τοῦτο δοῦναι--UBS C D W

마 20:31, “주여, 우리를 불쌍히 여기소서. 다윗의 자손이여 하는지라.”

“우리를 불쌍히 여기소서, 주여”--Byz UBS C W it$^{(e)\ ff2}$ syr^{c}

“주여, 우리를 불쌍히 여기소서”--ℵ B D it$^{b\ d}$ vg syr^{p} arm

마 27:49, “엘리야가 와서 저를 구원하나 보자 하더라.”

“다른 이가 창을 취하여 그의 옆구리를 찌르니 물과 피가 나왔더라” --ℵ B C vg^{mss} cop^{meg}

(위의 구절이 생략됨)--Byz UBS A D W it$^{a\ b\ d\ ff2\ h}$ vg syr$^{p\ s}$

cop$^{sa\ bo}$ arm Origen^{lat}

눅 7:7, "말씀만 하사 내 하인을 낫게 하소서."

"말씀만 하소서. 그리하면 내 하인이 낫겠나이다"--Byz ℵ A C D W it$^{a\ b\ d\ e\ ff2}$ vg syr$^{p\ s}$ cop^{bo} arm Diatessaron^{arm}

(본문)--UBS p^{75vid} B cop$^{sa\ bo\text{-}mss}$

눅 12:31, "오직 너희는 그의 나라를 구하라."

"하나님의 나라"--Byz p^{45} A W it$^{b\ d\ e\ ff2\ i}$ vg$^{ww\ st}$ syr$^{p\ s\ c}$ arm Diatessaron^{syr} Tertullian

"그의 나라"--UBS ℵ B D* it^{a} cop$^{sa\ bo}$

"그 나라"--p^{75}

눅 17:33, "무릇 자기 목숨을 보존하고자 하는 자는 잃을 것이요."

"구원하고자"--Byz ℵ A W it$^{a\ (b)\ e\ ff2\ (i)}$ vg (cop^{bo}) arm

"보존하고자"--UBS p^{75} B

요 2:24, "예수는 그 몸을 저희에게 의탁지 아니하셨으니."

"자신을"(ἑαυτὸν)--Byz p^{66} it$^{a\ b\ e\ ff2}$ vg syr$^{p\ s}$ cop$^{sa\ bo}$ arm Origen

"그를"(αὐτὸν)--UBS ℵ* A* B

요 11:2, "이 마리아는 향유를 주께 붓고."

Μαρία--Byz p^{66} ℵ A D W cop

Μαριὰμ--UBS p^{6vid} B

요 13:32, "만일 하나님이 저로 인하여 영광을 얻으셨으면 하나님도."

"만일 하나님이 저로 인하여 영광을 얻으셨으면"--Byz UBS A it^{e} vg syr^{p} cop$^{sa\ pbo}$ arm

(생략)--p^{66} ℵ* B C* D it^{a} syr^{s} cop$^{bo\text{-}pt}$ Tertullian

요 16:27, "또 나를 하나님께로서 온 줄 믿은 고로."

"하나님[께로서]"(τοῦ Θεοῦ)--Byz [UBS]

"하나님[께로서]"(Θεοῦ)--p^{5} ℵ* A it$^{a\ b\ e}$ vg syr$^{p\ s}$ arm Origen^{lat}

"아버지[께로서]"(τοῦ πατρός)--B C* D it^{d} cop$^{sa\ pbo\ bo}$

롬 7:25, "하나님께 감사하리로다."

εὐχαριστῶ τῷ θεῷ--Byz ℵ* A syr^{p}

χάρις δὲ τῷ θεῷ--UBS cop^{bo} arm *헬라어 사본의 지지가 없음.
χάρις τῷ θεῷ--B cop^{sa} Origen
ἡ χάρις τοῦ θεοῦ--D it^{d} vg Origen$^{lat2/3}$

고전 15:49, "또한 하늘에 속한 자의 형상을 입으리라."

"입자"--Byz p^{46} ℵ A C D it^{d} vg syr^{p} cop^{bo} Irenaeus^{lat} Clement Origen$^{gr\ lat}$ Tertullian Cyprian
"입으리라"--UBS B cop^{sa}

고후 5:3, "이렇게 입음은 벗은 자들로 발견되지 않으려 함이라."

ἐνδυσάμενοι--Byz p^{46} ℵ B C vg syr^{p} cop$^{sa\ bo}$ arm Clement
ἐκδυσάμενοι--UBS D* it^{d} Tertullian

빌 4:23, "주 예수 그리스도의 은혜가 너희 심령에 있을지어다."

"있을지어다. 아멘"--Byz p^{46} ℵ A it^{d} vg syr^{p} cop^{bo} arm
"있을지어다"--UBS B cop^{sa}

딤전 4:10, "이를 위하여 우리가 수고하고 진력하는 것은."

"모욕을 당하는"(ὀνειδιζόμεθα)--Byz it^{d} vg syr^{p} cop$^{sa\ bo}$ arm
"진력하는"(ἀγωνιζόμεθα)--UBS ℵ* A C

딤후 1:11, "반포자와 사도와 교사로 세우심을 입었노라."

"이방인들의 사도"--Byz C D vg it^{d} syr^{p} cop$^{sa\ bo}$ arm
"사도"--UBS ℵ* A

몬 12, "네게 저를 돌려보내노니 저는 내 심복이라."

"저를 받으라. 저는"--Byz it^{d} vg$^{mss\ (cl)}$ syr$^{(h)}$ (cop$^{sa\ bo}$ arm)
"저는"--UBS ℵ* A

5. 전통본문의 정당성

(1) 전통본문의 고대성

라크만에서 시작하여 웨스트코트와 호트에 이르는 비평본문학자들은 전통본문의 근거가 되는 비잔틴 사본들이 후대의 사본들이므로 무가치하다고 보았다. 그러나 비잔틴 사본들이 주로 9-11세기 이후의 사본들인 것은 사실이지만, 그것이 그 사본들에 있는 본문이 후대 본문이라고 단정할 수 있는 근거가 될 수는 없다. 왜냐하면 그 사본들에 있는 전통본문의 고대성은 2, 3세기의 고대 파피러스 사본들과 역시 2세기에 번역되었다고 보이는 고대 수리아어, 라틴어, 콥트어 역본들, 또한 2, 3세기의 초대 교부들(이레니우스, 터툴리안, 클레멘트, 오리겐 등)의 성경 인용문들에서 충분히 확증되고 있기 때문이다.

<u>때때로 ℵB 본문보다 더 많은 고대적 증거를 가짐</u>

비잔틴 사본들에 있는 본문은 때때로 시내 사본과 바티칸 사본의 공통적 본문보다 더 많은 고대적 증거들을 가지며, 특히 때때로 더 많은 고대 역본들의 지지를 가진다. 예를 들어 보자.

마 19:16, "선생님이여, 내가 무슨 선한 일을 하여야 영생을."

"선한 선생님이여"--Byz C W it$^{b\ ff2\ h}$ vg syr$^{p\ c\ s}$ cop$^{sa\ meg\ bo\text{-}pt}$ arm Justin Origen$^{1/2}$

"선생님이여"--UBS ℵ B D it$^{a\ d\ e}$ cop$^{bo\text{-}pt}$ Origen$^{1/2}$

마 26:28, "많은 사람을 위하여 흘리는 바 나의 피 곧 언약의 피니라."

"새 언약"--Byz A C D W it$^{a\ (b)\ d\ ff2\ h}$ vg syr$^{p\ s}$ cop$^{sa\ bo}$ arm Diatessaron Irenaeus^{lat} Origen^{lat}

"언약"--UBS p^{37} ℵ B cop$^{meg\ bo\text{-}mss}$ Irenaeus^{arm} Cyprian

막 11:26, "(없음)"

"만일 너희가 용서하지 아니하면 하늘에 계신 너희 아버지도 너희

허물을 사하지 아니하시리라"--Byz A C D it[a b d ff2 i] vg syr[p] cop[bo-pt] Diatessaron Cyprian

(위의 구절이 생략됨)--UBS ℵ B W it[k] syr[s] cop[sa bo-pt] arm

막 16:9-20, "예수께서 안식후 첫날 이른 아침에 살아나신 후 . . . ."

(위의 긴 구절)--[UBS] Byz A C D it[ff2 n] vg syr[p c] cop[sa-mss bo] cop[fay] arm[mss] Irenaeus[lat]

(위의 긴 구절이 생략됨)--ℵ B syr[s] cop[sa-ms] arm[mss]

전통본문이 시내 사본과 바티칸 사본의 본문보다 고대적 증거가 압도적으로 많은 경우도 있는데, 마태복음과 다른 몇 곳의 예를 들면 다음과 같다.

마 5:22, "형제에게 노하는 자마다 심판을 받게 되고."

"까닭 없이"--Byz D W it[a b d h k] vg[mss] syr[p c s] cop[sa meg bo] arm Irenaeus[lat] Cyprian

(위의 구절이 생략됨)--UBS p[64] ℵ[*] B vg Origen

마 8:25, "그 제자들이 나아와 깨우며 가로되 주여, 구원하소서."

"우리를 구원하소서"--Byz W it[a b h k] vg syr[p s] cop[sa meg bo] arm

"구원하소서"--UBS ℵ B C cop[bo-mss]

마 12:4, "그가 하나님의 전에 들어가서 제사장 외에는 자기나."

"그가 먹었다"--Byz p[70] C D W it[a b d h k] vg syr[p c] cop[sa meg bo] arm Diatessaron

"그들이 먹었다"--UBS ℵ B

마 12:25, "예수께서 저희 생각을 아시고 가라사대."

"그러나 예수께서"--Byz C W it[a b ff2 h] vg syr[p] cop[meg] arm

"그러나 그가"--UBS ℵ[*] B cop[sa]

마 15:15, "이 비유를 우리에게 설명하여 주옵소서."

"이 비유를"--UBS Byz C D it[a d e ff2] vg syr[p c s] cop[sa-ms meg]

"그 비유를"--ℵ B vg[mss] cop[sa bo] Origen

마 17:4, "주께서 만일 원하시면 내가 여기서 초막 셋을."

"우리가"--Byz D W it$^{a\ d\ (e)\ n}$ vg syr$^{p\ c}$ cop$^{sa\ meg\ bo}$ arm Origen
"내가"--UBS ℵ B C it$^{b\ ff2}$ vg^{mss}

마 18:15, "네 형제가 죄를 범하거든 가서 너와 그 사람과만 상대하여."

"네게 죄를 범하거든"--UBS Byz D W it$^{a\ b\ d\ e\ ff2\ h}$ vg syr cop$^{meg\ bo\text{-}pt}$ arm geo
"죄를 범하거든"--ℵ B

마 20:16, "나중 된 자로서 먼저 되고 먼저 된 자로서 나중 되리라."

"이는 많은 사람이 부름을 입으나 적은 사람이 택함을 입음이니라"-- Byz C D W it$^{b\ d\ e\ ff2\ h\ n}$ vg syr$^{p\ c\ s}$ cop$^{meg\ bo\text{-}pt}$ arm
(위의 구절이 생략됨)--UBS ℵ B cop$^{sa\ bo\text{-}pt}$ Diatessaron

마 26:71, "이 사람은 나사렛 예수와 함께 있었도다 하매."

"이 사람도"--Byz A C W it$^{a\ b\ ff2\ h\ n}$ vg syr^{p} (cop^{bo}) arm Origen^{lat}
"이 사람은"--UBS ℵ B D syr^{s} cop$^{sa\ meg}$

마 27:42, "저가 이스라엘의 왕이로다. 지금 십자가에서 내려올지어다."

"왕이라면"--Byz A it$^{a\ b\ ff2\ h}$ vg syr$^{p\ s}$ cop$^{meg\ bo}$ arm Origen^{lat}
"왕이로다"--UBS ℵ B D it^{d} cop^{sa}

마 27:49, "엘리야가 와서 저를 구원하나 보자 하더라."

"다른 이가 창을 취하여 그의 옆구리를 찌르니 물과 피가 나왔더라"--ℵ B C vg^{mss} cop^{meg}
(위의 구절이 생략됨)--UBS Byz A D W it$^{a\ b\ d\ ff2\ h}$ vg syr$^{p\ s}$ cop$^{sa\ bo}$ arm Origen^{lat}

눅 10:42, "그러나 몇 가지만 하든지 혹 한 가지만이라도 족하니라."

"그러나 한 가지가 필요하다"--UBS Byz p$^{45\ 75}$ A C* vg syr$^{p\ c}$ cop^{sa}
"그러나 몇 가지만 하든지 혹 한 가지만이라도 족하니라"--ℵ B

눅 15:21, "아버지의 아들이라 일컬음을 감당치 못하겠나이다."

"나를 품꾼의 하나로 보소서"--ℵ B it^{d} vg^{mss}
(위의 구절이 생략됨)--UBS Byz p^{75} A W it$^{a\ b\ e\ ff2\ i}$ vg syr$^{p\ c}$ syr^{s} cop$^{sa\ bo}$ arm geo

눅 18:24, "예수께서 저를 보시고 가라사대 재물이 있는 자는."

"예수께서 저가 심히 근심하는 것을 보시고"--UBS Byz A (D) W it^{a} $(it^{b\ d\ (e)\ ff2\ i})$ vg $syr^{p\ c\ s}$ (arm) $(Diatessaron^{syr\ arm})$

"예수께서 저를 보시고"--א B $cop^{sa\ bo}$

행 16:32, "주의 말씀을 그 사람과 그 집에 있는 모든 사람에게."

"주의 말씀"--UBS Byz p^{45} A C D it^{d} vg syr^{p} $cop^{sa\ bo}$ arm

"하나님의 말씀"--א* B

때때로 2, 3세기 파피러스 사본들의 지지를 가짐

더욱이, 4세기의 바티칸 사본이나 시내 사본보다 100년 이상 전에 쓰여진 파피러스 사본들의 본문이 때때로 시내 사본과 바티칸 사본의 본문과 다르고 전통본문과 일치한다. 예를 들면 다음과 같다.

눅 10:42, "그러나 몇 가지만 하든지 혹 한 가지만이라도 족하니라."

"그러나 한 가지가 필요하다"--UBS Byz $p^{45\ 75}$ A C* W vg syr^{p} syr^{c} cop^{sa}

"그러나 몇 가지만 하든지 혹 한 가지만이라도 족하니라"--(א*) B cop^{bo} (Origen)

눅 12:31, "오직 너희는 그의 나라를 구하라."

"하나님의 나라"--Byz p^{45} A $it^{b\ d\ e\ ff2\ i}$ $vg^{ww\ st}$ $syr^{p\ c\ s}$ arm geo $Diatessaron^{syr}$ Tertullian

"그 나라"--p^{75}

"그의 나라"--UBS א B D* it^{a} $cop^{sa\ bo}$

눅 15:21, "아버지의 아들이라 일컬음을 감당치 못하겠나이다."

"나를 품군의 하나로 보소서"--א B it^{d} vg^{mss}

(위의 구절이 생략됨)--UBS Byz p^{75} A W $it^{a\ b\ e\ ff2\ i}$ vg $syr^{p\ c}$ syr^{s} $cop^{sa\ bo}$ arm

요 12:9, "유대인의 큰 무리가 예수께서 여기 계신 줄을 알고 오니."

"큰 무리가"--Byz (p^{66*}) p^{75} A

"그 큰 무리가"--UBS א* B*

UBS 4판의 사복음서 비평각주에서만, 2-3세기 파피러스가 ℵ과 B 대신에 Byz을 지지하는 경우가 26개이다.[41] 다른 책들에도 있다.

행 13:26, "이 구원의 말씀을 우리에게 보내셨거늘."

"너희에게"--Byz p^{45} C vg syr^{p} cop^{bo} arm
"우리에게"--UBS ℵ A B it^{d} $cop^{sa\ meg}$

행 13:46, "너희가 버리고 영생 얻음에 합당치 않은 자로 자처하기로."

"그러나 [너희가 버리고]"(δὲ)--Byz p^{45} A C
"[너희가 버리고]"(δὲ 생략)--UBS ℵ* B

행 14:21, "루스드라와 이고니온과 안디옥으로 돌아가서."

"루스드라와 이고니온과"(εἰς 1번)--Byz p^{45}
"루스드라로와 이고니온으로와"(εἰς 2번)--UBS ℵ A B C

행 15:40, "주의 은혜에 부탁함을 받고 떠나."

"하나님의"--Byz p^{45} C vg^{cl} syr^{p} cop^{bo} arm geo
"주의"--UBS ℵ A B it^{d} $vg^{ww\ st}$ cop^{sa}

행 16:32, "주의 말씀을 그 사람과 그 집에 있는 모든 사람에게."

"주의 말씀"--UBS Byz p^{45} A C (D) it^{d} vg syr^{p} $cop^{sa\ bo}$ arm
"하나님의 말씀"--ℵ* B

고전 3:3, "너희 가운데 시기와 분쟁이 있으니."

"시기와 분쟁과 분열들"--Byz p^{46} it^{d} syr^{p} Irenaeus ($Origen^{lat-1/4}$) Cyprian
"시기와 분쟁"--UBS ℵ A B C vg $cop^{sa\ bo\ fay}$ arm Clement $Origen^{gr\ (lat-3/4)}$

고전 10:9, "우리는 저희와 같이 시험하지 말자."

"그리스도를 시험하지 말자"--UBS Byz p^{46} it^{d} vg syr^{p} $cop^{sa\ bo}$ $Irenaeus^{lat}$

---

41) 마 12:4; 20:30; 막 6:41; 7:31, 35; 9:29; 눅 12:31; 13:27a; 15:21; 24:47; 요 1:13b, 26; 2:24; 4:1; 7:8; 8:54; 10:18; 11:31; 12:1, 9, 28; 13:2a; 14:2, 4; 19:24, 39.

"주를 시험하지 말자"--ℵ B C arm
"하나님을 시험하지 말자"--A

고후 6:16, "우리는 살아계신 하나님의 성전이라."

"너희는 살아계신 하나님의 성전"--Byz p^{46} C vg $syr^{(p)}$ arm $Origen^{lat}$ Tertullian
"우리는 살아계신 하나님의 성전"--UBS B it^{d} $cop^{sa\ bo}$ $Origen^{gr}$
"우리는 살아계신 하나님의 성전들"--$ℵ^{*}$ (Clement)

엡 5:2, "그리스도께서 너희를 사랑하신 것같이."

"그리스도께서 우리를 사랑하신"--UBS Byz p^{46} it^{d} vg syr^{p} arm $Clement^{1/2}$
"그리스도께서 너희를 사랑하신"--$ℵ^{*}$ A B $cop^{sa\ bo}$ $Clement^{1/2}$

벧전 1:16, "기록하였으되 내가 거룩하니 너희도 거룩할지어다."

"내가 거룩하니"(εἰμί 생략)--Byz p^{72} A C
"내가 거룩하니"(εἰμί)--[UBS] ℵ B

벧전 1:20, "이 말세에 너희를 위하여 나타내신 바 되었으니."

"이 말세에"(복수 ἐσχάτων)--Byz p^{72}
"이 말세에"(단수 ἐσχάτου)--UBS ℵ A B C

벧전 2:25, "너희가 전에는 양과 같이 길을 잃었더니 이제는."

"길 잃은 양들과 같았으나"--Byz p^{72} C geo
"양과 같이 길을 잃었더니"--UBS ℵ A B vg syr^{p}

벧전 5:2, "너희 중에 있는 하나님의 양 무리를 치되."

"감독의 직무를 수행하며 [양무리를 치되]"(ἐπισκοποῦντες)--UBS Byz p^{72} A vg (syr^{p}) cop^{bo} arm
"[양무리를 치되]"(ἐπισκοποῦντες 생략)--$ℵ^{*}$ B cop^{sa}

벧전 5:10, "모든 은혜의 하나님 곧 그리스도 안에서 너희를 부르사."

"그리스도 예수 안에서"--UBS Byz p^{72} A vg $syr^{(p)}$ $cop^{sa-ms\ bo}$
"그리스도 안에서"--ℵ (B) cop^{sa-ms}

벧후 2:15, "저희가 바른 길을 떠나 미혹하여 브올의 아들 발람의."

"바른 길을 떠나"(καταλίποντες 부정과거분사)--Byz p^{72} C

"바른 길을 떠나"(καταλείποντες 현재분사)--UBS ℵ B* A

반 브루겐은 비잔틴 사본들의 본문 형태가 결코 후대의 것이라고 단정해서는 안 되는 이유는 우리가 2-3세기의 대표적 사본들을 소유하고 있지 않기 때문이라고 말했다. 그는 다음 몇 가지 점들을 언급하였다.

(1) 우리는 2-3세기로부터 오직 약간의 파피러스들만 가지고 있다. 기후 조건 때문에, 이 파피러스들은 오직 이집트에서 나온 것들이다. 그 시대에 이집트는 교회의 가장 번영하는 지역이 아니었다. 수리아, 소아시아, 헬라, 이탈리아 같은 중심지로부터 나온 자료들을 우리는 가지고 있지 못하다. 또 그 이집트의 파피러스들 조차도 알렉산드리아의 대표적 도서관용 사본들이 아니고 일반인들에게 통용되는 값싼 것들이었다. 그 발견들은 우연한 일이고 매우 제한적이다. 그것들은 심지어 당시의 이집트 본문을 대표하지도 못할 것이다.[42]

(2) 사본 문제에 있어서, 9세기에 이루어진 음역(音譯) 과정에 큰 가치가 인정되어야 한다. 그때 가장 중요한 신약성경의 대문자 사본들은 주의 깊게 소문자로 필사되었다. 이 음역 과정 후 대문자 사본들은 통용되지 않았다고 추정된다. 필사자들은 성경의 사본을 새로 만든 다음 그 원본을 파괴하였다.[43] 이 사실은 가장 오래된, 가장 최상의 대문자 사본은 소문자 사본의 형태로 우리에게 왔음을 의미한다. 뿐만 아니라, 그 시대에 남아 있었던 대문자 사본들 중에는 신약성경의 정본이 아닌 다른 본문 형태의 것이 있을 가능성이 크다. 그 당시에 비잔틴 형태의 대문자 사본들이 있었으나, 그것들은 소문자

42) Bruggen, pp. 25-26.

43) Bruggen, p. 26; K. Lake, "The Ecclesiastical Text." (Excursus 1 to K. Lake, R. P. Blake and S. New, "The Caesarean Text of the Gospel of Mark," in *Harvard Theological Review,* 21 (1928), pp. 348-49.

사본으로 만들어진 후 사라졌다고 볼 수 있다.[44]

(3) 현존하는 고대 대문자 사본들(ℵ, B)은 신약성경의 고대 본문의 대표가 아니라는 것은 호트 시대보다 20세기에 훨씬 더 분명해졌다. 그 동안 발견되고 출판된 파피러스들은 호트와 함께 바티칸 사본을 순수한 중립 본문으로 간주할 수 없게 만들었다. 바티칸 사본은 이집트에서 사용되었던 본문 형태의 하나에 불과하였음을 알게 되었다. 더욱이, 파피러스들은, 고대 대문자 사본들에 없고 그래서 후대 비잔틴 본문이라고 불리었던 본문이 2-3세기에 있었다는 것을 분명하게 보여주었다.[45] 파피러스들이 전체적으로 비잔틴 본문을 보이는 것은 아니지만, 비잔틴 본문이 후대의 것이 아니고 고대의 것이라는 것을 보이는 것은 확실하다.[46]

주후 400년 이전의 교부들의 글들에서도 많이 인용됨

우리가 가지고 있는 2-3세기 교부들의 글들은 매우 제한적이다. 호트가 언급한 이 시기의 헬라 교부들 중 둘(이레니우스와 히폴리투스)은 서방에 살았고, 나머지 둘(알렉산드리아의 클레멘트와 오리겐)은 애굽에 살았다. 그들은 안디옥에 산 자들이 아니다. 그러므로 그들에게서 비잔틴 본문형태가 아닌 본문을 보는 것은 이상한 일이 아니다.[47] 더욱이, 그들이 본문 전통에 있어서 최상의 시대와 지역에서 살고 있었는지, 아니면 그 시대와 지역에 이미 온갖 종류의 영향들로 혼란이 있었는지 질문해야 할 것이며, 후자라면 그들의 인용문들에 결정적 무게를 두기 어려울 것이다.[48] 그러나 이 질문은 전자보다는

44) Bruggen, p. 26.

45) Bruggen, p. 27.

46) G. Zuntz, *The Text of the Epistles: A Disquisition upon the Corpus Paulinum* (London, 1953), p. 55; Bruggen, p. 27.

47) Bruggen, p. 22.

후자일 가능성이 크다. 예를 들어, 호트는 오리겐이 가장 인상적 증거자라고 생각하지만, 메츠거는 그가 당시에 있었던 다수의 본문들의 대표라고 볼 수 없다고 보았다.[49]

그러나 전통본문은 주후 400년 이전의 교부들의 성경 인용문들에서 풍성하게 증거된다. 에드워드 밀러는 15개의 논의 구절들에 대해 크리소스톰 이전의 교부들, 즉 4세기 말 이전의 교부들이 전통본문을 인용한 165개의 예들을 제시했는데, 예를 들어, 익나시우스 1개, 파피아스 1개, 순교자 저스틴 5개, 이레니우스 6개, 터툴리안 7개, 알렉산드리아의 클레멘트 3개, 오리겐 11개 등이다.[50]

에드워드 밀러가 편집하고 출판한 버건(Dean Burgon, 1813-88)의 거룩한 복음서들의 전통본문 옹호(*Traditional Text of the Holy Gospels Vindicatied*)라는 책에 보면, 주후 400년 이전에 죽은 76명의 교부들의 4,383개의 인용문들 중에, 전통본문의 인용은 2,630개(60%)이었고 비평본문의 인용은 1,753개(40%)이었다. 즉 전통본문과 비평본문의 인용 비율이 3대 2로 전통본문이 더 많았다.[51]

잭 무어맨은 주후 110년부터 397년 사이의 교부들의 86개의 저작들에서 401개의 성구들을 검토하였는데 279개가 전통본문에 맞고 단지 122개만 비평본문에 맞다는 것을 발견하였다. 즉 전통본문과 비평

---

48) Ibid.

49) Ibid.

50) Miller, pp. 84-85.

51) John W. Burgon, *The Traditional Text of the Holy Gospels Vindicated and Established* (London: George Bell and Sons, 1896), pp. 99-100. 버건은 86,000개 이상의 교부들의 인용문들 혹은 암시들을 모았다. 그것은 16권의 2절지(folio)판(10″x12.5″; 25.4cmx31.7cm)으로 각 권의 두께는 보통 5″-7″(12.7cm-17.8cm)이며 교부의 이름 아래 성경 순서로 각 페이지에 작은 쪽지에 (1) 성경 장절, (2) 교부의 책 권수와 면수(주로 J. P. Migne의 시리즈의)를 기록하였다. 아마 86,000개 이상의 쪽지일 것이다(Waite, pp. 57-58).

본문의 비율이 2.3대 1로 전통본문이 많았다.52)

앞에 열거한 **a, b, c**의 증거들, 즉 전통본문이 때때로 **א**와 B보다 더 많은 고대적 증거들을 가진다는 사실, 전통본문이 때때로 2, 3세기 파피러스들의 지지를 가진다는 사실, 그리고 전통본문이 주후 400년 이전 교부들의 글들에서도 많이 인용되었다는 사실 등은 전통본문이 결코 후대 것이 아니며 매우 고대적 증거를 가지고 있음을 나타낸다.

한 연구자에 의하면, UBS 4판 누가복음 비평각주에서, 전통본문이 고대 사본들, 역본들, 교부들의 인용들을 통해 고대적 지지를 충분히 가지는 경우가 34개, 어느 정도 가지는 경우가 18개, 약간만 가지는 경우가 8개, 전혀 가지지 않는 경우는 없었다.53)

또 한 연구자에 의하면, 요한복음에서 전통본문이 주후 5세기까지의 고대적 지지를 압도적으로 가지는 경우가 19개, 충분히 가지는 경우가 128개, 약간의 지지를 가지는 경우가 9개이며, 전혀 지지를 가지지 않는 경우는 하나도 없었다.54)

또 사복음서의 UBS 4판 비평각주에 대한 한 연구에 의하면, 비잔틴 본문이 **א**와 B보다 고대적 지지가 훨씬 더 많은 경우가 92개이며 비등한 경우가 134개이며, 고대적 지지가 매우 빈약한 경우는 20개이고 고대적 지지가 전혀 없는 경우는 1개뿐이었다.55)

---

52) 무어맨은 401개의 성구목록의 연대기적 목록을 제시하였다. Jack A. Moorman, *Early Church Fathers and the Authorized Version: A Demonstration!* (The Bible for Today, n. d.), pp. 34-35.

53) 남성호, "UBS 누가복음의 본문에 대한 연구: UBS 3판과 4판을 중심으로" (미간행 신학석사학위논문, 계약신학대학원대학교, 2004), 66쪽.

54) 박세덕, "시내 사본과 바티칸 사본에 근거한 비평본문 UBS의 요한복음 분석: UBS 3, 4판을 중심으로" (미간행 신학석사학위논문, 계약신학대학원대학교, 2004), 62-96쪽.

55) http://www.oldfaith.com/00download/04text/00NTtextstudy(four-gospels).hwp

일찍이 폰 조덴(H. F. von Soden, 1852-1914)은, 웨스트코트와 호트와 달리, 전통본문(코이네 본문)을 다른 본문들과 함께 매우 고대적인 것으로 그 가치와 중요성을 인정하고 높였다.56)

근래에 와서도, 에드워드 힐즈(Edward F. Hills), 제인 핫지즈(Zane C. Hodges), 야곱 반브루겐(Jakob van Bruggen), 윌버 피커링(Wilbur N. Pickering), 해리 스툴즈(Harry A. Sturz), 고든 클락(Gordon H. Clark), 잭 무어맨(Jack Moorman), 웨이트(D. A. Waite), 모리스 로빈손(Maurice A. Robinson) 등은 전통본문의 고대성과 가치를 옹호하였다.

후대에 수정 보완된 본문이라고 보기 어려움

또한, 비평본문학자들은 전통본문이 융합본문 혹은 합성본문이며 ℵB 본문보다 보통 길다고 말한다. 그러나 이런 주장은 주관적 추측에 불과하다고 본다. 다음 예들은 그런 생각과 다르며 비잔틴 본문이 고대 사본들의 본문보다 짧은 경우들도 많음을 보인다.

행 18:7, "하나님을 공경하는 디도 유스도라 하는 사람의."

"디디오 유스도"--UBS B* geo ＊이 경우는 B가 융합본문인가?
"디도 유스도"--ℵ vg cop^bo arm ＊이 경우는 ℵ가 융합본문인가?
"유스도"--Byz A D* it^d
"디도"--syr^p cop^sa bo-ms

마 24:36, "하늘의 천사들도, 아들도 모르고 오직 아버지만 아시느니라."

"하늘의 천사들도, 아들도 모르고"--UBS ℵ B D

---

56) Metzger, p. 141. 그는 신약사본들을 코이네 본문, 헤시키안 본문, 예루살렘 본문으로 나누었는데, 코이네 본문(K)은 안디옥의 루시안(Lucian, 312년에 순교함)에 의해 만들어졌고 비잔틴 교회에 사용된 본문이며, 헤시키안 본문(H)은 이집트의 헤시키우스에게서 기원하고 B, ℵ, C, 콥트어 사히딕역, 보하릭역 등이 속하고, 예루살렘 본문(I)은 팔레스틴 가이사랴의 유세비우스와 팜필루스에게서 기원하고 D, Θ 사본 등이 속한다고 보았다.

"하늘의 천사들도 모르고"--Byz

마 27:49, "엘리야가 와서 저를 구원하나 보자 하더라."

"다른 이가 창을 취하여 그의 옆구리를 찌르니 물과 피가 나왔더라"--ℵ B C vg^{mss} cop^{meg}

(위의 구절이 생략됨)--UBS Byz A D W $it^{a\ b\ d\ ff2\ h}$ vg $syr^{p\ s}$ $cop^{sa\ bo}$ arm geo $Origen^{lat}$

막 3:14, "이에 열 둘을 세우셨으니 이는 자기와 함께 있게 하시고."

"이에 열둘을 세우시고 그들을 또한 사도라 부르셨으니"--UBS ℵ B

"이에 열둘을 세우셨으니"--Byz A $it^{(a)\ b\ (d)\ e\ (ff2)}$ (vg) $syr^{p\ s}$ $cop^{sa\text{-}mss}$ arm

막 14:14, "내 제자들과 함께 유월절을 먹을 나의 객실이 어디 있느뇨?"

"유월절을 먹을 나의 객실이 어디 있느뇨?"--UBS ℵ B C

"유월절을 먹을 객실이 어디 있느뇨?"--Byz A

눅 15:21, "아버지의 아들이라 일컬음을 감당치 못하겠나이다."

"나를 품군의 하나로 보소서"--ℵ B (D) it^{d} vg^{mss} (눅 15:19)

(위의 구절이 생략됨)--UBS Byz p^{75} A W $it^{a\ b\ e\ ff2\ i}$ vg $syr^{p\ c}$ syr^{s} $cop^{sa\ bo}$ arm geo

롬 16:16, "그리스도의 모든 교회가 다 너희에게 문안하느니라."

"그리스도의 모든 교회가 다 너희에게"--UBS p^{46} ℵ A B

"그리스도의 교회가 너희에게"--Byz

고전 9:20, "율법 아래 있는 자들에게는 내가 율법 아래 있지 아니하나."

"내가 율법 아래 있지 아니하나"--UBS ℵ A B C D^{*} it^{d} vg cop^{sa} cop^{bo} arm $Origen^{1/2}$

(위의 구절이 생략됨)--Byz p^{46} syr^{p} geo $Origen^{1/2}$

고전 15:31, "형제들아, 내가 그리스도 예수 우리 주 안에서 가진 바."

"형제들아"--UBS ℵ A B vg $syr^{(p)}$ ($cop^{sa\ bo\ fay}$) arm $Origen^{1/3}$

(위의 구절이 생략됨)--Byz p^{46} it^{d} geo $Origen^{2/3}$

엡 2:17, "평안을 전하고 가까운데 있는 자들에게 평안을 전하셨으니."

"평안을 전하셨으니"--UBS p^{46} ℵ A B latt cop Cyprian

"전하셨으니"--Byz

빌 1:14, "하나님의 말씀을 더욱 담대히 말하게 되었느니라."

"하나님의 말씀을"--א A B $it^{(d)}$ vg syr^{p} $cop^{sa\ bo\ fay}$ arm geo Clement

"말씀을"--UBS Byz p^{46}

살전 4:1, "우리에게 받았으니 곧 너희 행하는 바라. 더욱 많이 힘쓰라."

"곧 너희 행하는 바라"--UBS א A B it^{d} vg $cop^{sa\ bo}$ arm

(위의 구절이 생략됨)--Byz syr^{p} geo

벧전 5:2, "너희 중에 있는 하나님의 양 무리를 치되."

"오직 하나님의 뜻을 좇아"--UBS p^{72} א A vg (syr^{p})

(위의 구절이 생략됨)--Byz B

요일 2:23, "아들을 시인하는 자에게는 아버지도 있느니라."

"아들을 시인하는 자에게는 아버지도 있느니라"--UBS א A B lat syr cop Origen Cyprian

(위의 구절이 생략됨)--Byz vg^{ms} cop^{bo-ms}

반 브루겐은 비잔틴 본문이 2차적 성격을 가졌다는 주장이 타당하지 않다고 말하였다. 그는 호트가 비잔틴 본문의 선명함(lucidity)과 완벽함(completeness)이 그것의 2차적 성격을 보인다고 주장하였고[57] 메츠거도 같은 주장을 되풀이하였으나[58] 그 판단은 증명되지 않았고 증명될 수도 없다고 말했다.[59] 그는 비잔틴 형태라는 명제가 몇 개의 예들에 근거해서는 안 되고 본문 전반에 근거해야 한다고 말하면서 다음 몇 가지 점을 지적하였다.

---

57) B. F. Westcott and F. J. A. Hort, *The New Testament in the Original Greek,* vol. 2: *Introduction* (Cambridge, 1881), p. 134; Bruggen, p. 30.

58) B. M. Metzger, *A Textual Commentary on the Greek New Testament* (London, 1971), p. xx; Bruggen, p. 30.

59) Bruggen, p. 30.

(1) 방법적으로, 우선 '형태'라는 것의 판단 기준은 분명하고 일반적이어야 한다. 어떤 현상이 모든 형태의 본문에서 나타나는 것 같다면, 그런 현상에 근거하여 어떤 본문을 2차적이라고 간주하는 것은 옳지 않다.

(2) 더욱이, 원본이 없는 경우에 어떤 본문에서 조화시키고 동화시키는 이탈에 대하여 말하는 것은 방법론적으로 어렵다. 다시 말하면, 원본은 항상 비(非)조화적이어서 모든 조화적 본문이 즉시 의심스럽다는 것이 공리(axiom)인가?

(3) 비잔틴 본문이 융합(conflation) 본문이라는 예로 제시된 본문들은 매우 제한적인 수이다. 호트는 오직 8개의 예들을 들었고(마가복음에서 4개, 누가복음에서 4개) 그것에 근거해 비잔틴 본문의 융합적 성격을 말하며 그 본문이 버려져야 한다고 주장하였다. 그러나 그런 현상은 다른 사본들, 예컨대 바티칸 사본에서도 지적될 수 있다.[60] 뿐만 아니라, 융합 본문이라고 주장된 본문은 원래의 긴 본문이 א, B에서 축소된 경우라고도 말할 수 있다.[61]

(4) 만일 비잔틴 본문 편집자가 본문을 조화시키기를 의도했다면, 모든 경우에 그렇게 했어야 했을 것이나, 사실 그렇지 않았다.

(5) 메츠거는 언어적으로 어려운 표현들을 제거하고 본문을 부드럽게 만드는 것을 비잔틴 본문의 한 특징이라고 말하지만, 킬패드릭은 그 반대가 사실이라고 보여주었다.[62]

(6) 전통본문이 그 완전함 때문에 받는 비난은 이해하기 어렵다.

---

60) 브루겐은 한 예로 골로새서 1:12의 본문에 대한 메츠거의 말을 인용한다. Bruggen, p. 32.

61) 브루겐은 킬패드릭의 연구를 인용한다. Bruggen, p. 32.

62) G. D. Kilpatrick, "The Greek New Testament Text of Today and the Textus Receptus," in *The New Testament in Historical and Contemporary Perspective: Essays in Memory of G. H. C. Macgregor* (Oxford, 1965), p. 205; Bruggen, p. 34.

(2) 전통본문의 권위와 가치

신약본문비평학에서, 오늘날 웨스트코트와 호트의 이론은 인정되지 않는다. 바티칸 사본과 시내 사본은 원본에 가장 가까운 중립본문이 아니다. 그 두 사본은 오류가 많은 사본들이다. 또 비잔틴 본문은 결코 수정된 후대의 본문이 아니다. 그 본문은 빈번히 파피러스들과 고대 역본들과 2-3세기 교부들의 인용문들에서 나타난다.

신약본문 문제에서 웨스트코트와 호트의 이론이 틀렸다면, 학자들은 원래대로 돌아가야 하는 것이 아닌가? 교회는 원래부터 신약성경을 가지고 있었다. 그것은 종교개혁 시대에 전수본문(TR)으로 나타났다. 그 후 비잔틴 사본들이 더 많이 수집되었다. 비잔틴 다수 사본들에 나타나 있는 전통본문은 헬라어를 사용하는 교회들에서 계속하여 사용해온 본문이며, 하나님의 섭리 가운데 교회에서 보존(保存)되어 온 본문이다. 우리는 비잔틴 다수 사본들에 나타나 있는 신약성경의 전통본문이 하나님께서 주신 원본의 본문에 가장 가깝다고 판단한다. 그 근거를 정리해보면 다음과 같다.

교회 역사상 논쟁된 적이 없었음

첫째로, 신약성경의 본문은 19세기 이전까지 교회 역사상 논쟁된 적이 없었다. 초대교회로부터 교회 역사상, 여러 교리들에 관한 많은 변론과 논쟁이 있었지만, 신약성경의 본문 문제에 관해서는 19세기 말 이전까지 오늘날같이 이질적인 두 견해로 대립되어 변론된 적이 없었다. 이 사실은 매우 중요한 점이라고 본다. 왜냐하면 교회 역사상 신약성경의 본문에 관해 교리적 논쟁이 없었다는 사실 자체가 신약성경의 전통본문의 권위에 대한 유력한 증거가 되기 때문이다. 호트의 추정대로, 신약성경의 본문이 4세기에 루시안에 의해 수정되었고 변질되었다면, 교회 역사에서 초대교회에서 또 그 후 19세기 말까지 신약성경의 본문에 대해 이의나 변론이 없었다는 것이 가능한 일인가? 루시안의 수정에 대한 어떤 역사적 기록이나 흔적이 없을 뿐만 아니라, 또한 19세기 전까지 교회 역사에서 신약성경의 본문에 대한 어떤 이의나 변론이 없었다. 신약성경의 전통본문은 교회에서 오랫동안 이의 없이 인정되고 보존되어 내려온 권위 있는 본문이다.[63] 그러므로 종교개혁자들은 아무런 이의나 변론 없이 이 전통적 본문을 그대로 받았던 것이다.

사도 바울은 구약성경에 관해 유대인의 장점 중 첫 번째가 하나님의 말씀을 맡은 것이라고 말한 바 있다. 로마서 3:1-2, "그런즉 유대인의 나음이 무엇이며 할례의 유익이 무엇이뇨? 범사에 많으니 첫째는 저희가 하나님의 말씀을 맡았음이니라." 같은 원리가 신약성경에도 적용될 수 있다. 헬라어 신약성경의 본문에 관한 한, 우리는 헬라어를 사용해온 헬라교회의 권위와 역할을 인정하고 중시해야 할 것이다. 유대인들이 구약성경을 지켜왔듯이, 헬라어를 사용한 동방교회(오늘날의 헬라정교회)는 신약성경을 지켜왔다. 신약성경에 기록된 예언의 말씀을 가감하지 말라는 중요한 말씀이 신약성경의 맨 끝에 기록되어 있음을 생각한다면(계 22:18-19), 우리는 신약성경이 어떻게 조심스럽게 보존되어 왔을지 알 수 있다.

헬라어 사본의 절대 다수가 지지함

둘째로, 신약성경의 전통본문은 헬라어 사본의 절대다수가 지지한다. 우리는 비잔틴 다수 사본들의 지지를 중시해야 한다고 본다. 현존(現存)하는 신약성경의 절대 다수의 사본들은 전통본문을 증거한다. 비평본문은 실상 소수의 사본들의 지지만 가진다.[64] 에드워드 밀러

63) Miller, pp. 62-63.
64) Kurt Aland, *Text und Textwert der griechischen Handschriften des neuen Testaments*, Berlin, 1991.

는 웨스트코트와 호트의 이론에 대해 다음과 같이 논평하였다.

> 그것이 모든 난제들에 대해 주는 해답은 너무 의심스러울 정도로 쉽다. 그것은 거의 이렇게 말하는 것과 같다--'다른 자료들에 대하여 걱정하지 말고, 바티칸 사본(B)과 시내 사본(א)에 관심을 두라. 그것이 여러분이 원하는 모든 것을 공급할 것이다.' [그러나] 어떻게 [고대적] 증거들의 적어도 5분의 4--그것이 거대하게 더 많이는 아니라 하더라도--를 바람에 던져버리고 오직 그 나머지로부터 결론을 내리는 것이 옳을 수 있는가?[65]

D. A. 웨이트는 파피러스 사본 88개 중 13개(15%)는 비평본문에 맞고 75개(85%)는 전통본문에 맞으며, 대문자 사본 267개 중 단지 9개(3%)만 비평본문에 맞고 258개(97%)는 전통본문에 맞고, 소문자 사본 2,764개 중 23개(1%)만 비평본문에 맞고 2,741개(99%)는 전통본문에 맞고, 성구집 사본 2,143개는 100% 전부가 전통본문에 맞고, 종합하면 신약성경 사본 5,262개 중 단지 45개(1%)만 비평본문에 맞고 나머지 5,217개는 전통본문에 맞다고 말하였다.[66]

에드워드 밀러에 의하면, 8, 9, 10세기의 대문자 사본들은, 그 수가 많을 뿐만 아니라, 전통본문에 대한 확고한 일치를 증거한다. 10세기부터는 소문자 사본들이 많이 유행하였는데, 소문자 사본들은 몇 개의 예외들(1, 33, 13, 69, 124, 346 등)을 제외하고는 거의 모두가 전통본문을 증거한다. 소문자 사본들은 선조들[사본의 대본이 된 사본]의 긴 줄의 대표들일 뿐만 아니라, 존경할 만한 선조들의 긴 줄의 대표들이다. 그것들의 압도적인 수효는 그 선조들이 또한 수가 많았다는 것을 추정케 만든다. 또 그것들의 전체적인 일치는 그것들이 그 시대의 교회의 확립된 신념을 나타낸다. 소문자 사본들은 대문자 사본들을 거의 만장일치로 따른다. 단지 몇 개의 예외가 있을 뿐이다. 전통

65) Miller, p. 44.
66) Waite, pp. 54-57.

본문의 제시자로서 그것들은 대문자 사본들, 역본들, 교부들에 의해 제공된 이전의 증거의 길을 묵묵히 따르며 확증한다.[67]

또 전통본문과 비평본문 간의 차이들에 비하면 전통본문 사본들(Byz) 상호 간의 차이는 매우 적다. 비평본문과 전통본문 간의 주요 차이점들은 UBS의 비평각주 1,438개의 다수에 해당하며,[68] 또 그 둘의 차이점들은 다수사본 헬라어 성경의 비평각주들의 수만큼 많다. 그러나 비잔틴 다수 사본들의 본문과 전수본문(TR) 간의 차이나,[69] 또는 비잔틴 사본들 상호 간의 차이는 거기에 비해 매우 적다.

또 앞에서 말한 대로, UBS/Nestle의 본문이 매우 주관적임에 비해, 전통본문은 현존하는 절대 다수의 헬라어 사본들이 지지하는 본문이므로 상당한 객관성과 안정성을 지닌다. 비평본문의 입장에서 보면, 신약성경의 정확한 본문을 확정하는 것은 불가능하지만, 전통본문의 입장에서 보면, 신약성경의 본문은 거의 확정적이다.

성경의 단어 영감과 무오(無誤) 신앙에 맞음

셋째로, 전통본문은 성경의 단어 영감과 무오(無誤) 신앙에 맞는다. 우리는 성경의 단어 영감과 무오를 믿으며, 신구약성경이 "하나님의 말씀이며 우리의 신앙과 생활의 정확무오한 법칙임"을 믿는다. 그렇다면 우리는 성경 본문에 대한 하나님의 섭리적 보호를 생각하지 않을 수 없다. 우리는 하나님께서 성경의 단어까지 영감하셨으나 성경의 본문을 훼손되거나 상실되도록 내버려두셨다고 상상할 수 없다.

---

67) Miller, pp. 100-102.

68) 사복음서에서는, 623개의 비평각주들 중에 385개가 그러하다.

69) *The Greek New Testament According to the Majority Text*에서 첫 번째 단의 비평각주들이 그것을 보여주며 그 수는 1,838개이다(Daniel Wallace, "The Majority-Text Theory . . ." *Journal of the Evangelical Theological Society,* June 1994, p. 194).

성경의 단어 영감과 무오성을 믿는 모든 성도는 성경본문의 건전한 보존을 믿을 수 있고 또 믿을 것이다.

장로교회의 표준적 신앙고백인 웨스트민스터 신앙고백 1:8도 다음과 같이 진술하였다: "옛 하나님의 백성의 모국어이었던 히브리어로 된 구약성경과, 기록 당시 여러 나라들에게 매우 일반적으로 알려져 있었던 헬라어로 된 신약성경은 직접 하나님의 영감(靈感)을 받았으며 그의 독특한 배려와 섭리로 모든 시대에 순수하게 보존되었으므로 믿을 만하다. 따라서 종교상 모든 논쟁들에서 교회는 최종적으로 그 성경들[원어성경]에 호소하는 것이다."

비평본문 이론에 의하면, 교회는 신약성경의 원본의 정확한 본문을 주후 4, 5세기 이후 약 1,500년 동안 잃어버렸고 지금까지도 그것을 온전하게 회복할 수 없다는 결론을 피하기 어렵다. 그러나 이러한 결론은 우리가 받아들이기 어려운 생각이다.

다시 정리해보면, 우리는 신약성경 본문에 관해 하나님의 섭리적 보호를 믿어야 한다. 특히 우리는 신약성경의 본문 문제가 초대교회로부터 주후 19세기 말 이전까지 교회 역사상 논쟁된 적이 없었다는 사실을 중요하게 여겨야 한다. 왜냐하면 그 사실은 신약성경의 전통본문이 교회에서 인정된 본문이었음을 증거하기 때문이다. 또 신약성경의 전통본문은 현존하는 헬라어 사본의 절대 다수가 지지하는 본문이다. 또 이런 점들은 성경의 단어적 영감과 무오(無誤)의 신앙에 맞다. 하나님께서 단어 영감으로 기록하게 하신 신적 권위의 성경본문을 혼란 중에 내버려두셨다고 말하는 것은 거의 신성모독적이게 들린다. 또 역사상 적지 않은 학자들은 전통본문을 지지해왔다.[70]

70) 19세기 말에 비평본문 이론이 교회들 안에 점점 우세해지고 있을 때, 스크리브너(F. H. A. Scrivener, 1813-91), 버건(J. W. Burgon, 1813- 88)을 비롯하여, 살몬(George Salmon, 1819-1904), 캐논 쿡(Canon Cook), 워즈워스 형제들(Christopher & Charles Wordsworth), 라이헤(J. G. Reiche), 쿠엔

에드워드 밀러는 다음과 같이 은혜롭고 감동적이게 말하였다.

> 고대성과 가치를 위해 비교한다면, 현재 우리가 소유하고 있는 것들은 그 시대에 언급할 수도 없을, 초기 사본들의 풍부함 속에서, 크리소스톰, 그레고리들[그레고리 나지안저스, 그레고리 닛사], 바실 모두가, 그들의 위대한 동시대 인물들과 함께, 더 열등한 혈통의 사본들을 선호하도록 잘못 인도되는 것이 가능한가? 비록 그들이 바른 길로 돌이키지 못했다 하더라도, 그 다음 시대들에 그들의 뒤를 잇는 자들이 그들이 그릇된 길에 있다는 것을 발견하지 못했다는 것이, 그리고 왕의 대로로 돌아오지 못했다는 것이 가능한가? 자기의 신민들과 "세상 끝까지 항상 함께 있겠다"고 약속하신 새 왕국의 위대한 왕께서 그의 왕국의 기록된 율법들의 참된 본문을 거의 1,500년 동안 불명료함 속에 숨겨두시고 많은 중요한 세목들에서 가치가 떨어진 본문이 전달되어 내려오고 하나님의 말씀의 진정한 형태로 존경을 받도록 허용하셨다는 것이 정말 가능한 것인가? 교회 안에서의 성령의 거룩한 임재의 영향력을, 그 분 자신께서 영감하신 쓰여진 기록물들과 교훈의 그 몸체의 형태와 모양들의 보존에서보다 어떤 더 중요하고 독특한 영역에서 찾을 수 있겠는가?[71]

넨(A. Kuenen), 코벳(C. G Cobet), 미켈센(J. H. A. Michelsen), 에드워드 밀러(Edward Miller), 댑니(Robert Dabney), 허만 호스키어(Herman C. Hoskier) 등은 전통본문을 옹호하였다. 근래에 와서도, 에드워드 힐즈(Edward F. Hills), 제인 핫지즈(Zane C. Hodges), 반 브루겐(Jakob van Bruggen), 윌버 피커링(Wilbur N. Pickering), 해리 스터즈(Harry A. Sturz), 고든 클락(Gordon H. Clark), 잭 무어맨(Jack Moorman), 웨이트(D. A. Waite) 등이 그러하였다.

71) Miller, p. 63.

결론

결론적으로, 우리는 신약본문문제를 다음과 같이 정리할 수 있다. 신약성경의 본문은 아주 초기부터 사본상의 크고 작은 차이들이 발생했고 그것이 수나 지역에 있어서 널리 퍼졌다. 그러나 사본들 간의 차이들은 내용상으로 교리적, 윤리적 심각한 문제를 일으키지 않는 정도이었다고 본다. 그러므로 어떤 종류의 본문을 사용하더라도 대체로 정통적 기독교가 증거되고 확증된다고 본다. 우리는 이것이 하나님의 섭리적 보호이었다고 믿는다.

그러나 우리는 오늘날 신약성경의 본문문제에 대해 다음과 같은 몇 가지 점들을 말하고자 한다.

1. 소수의 고대 사본들은 결코 정확하고 믿을 만한 사본들이 아니다. (1) 고대 사본들 간에는 차이점들이 많다. 시내 사본(א)과 바티칸 사본(B) 간의 차이는 물론, 그것들과 파피러스들 간에, 또 파피러스들 상호 간에 차이가 많다. (2) 고대 사본들이 부정확해 보이는 경우들도 많다. 시내 사본이나 바티칸 사본은 오류가 많은 사본임이 충분히 증명된다. 오늘날 비평본문 편집자들도 이 사실을 인정하기 때문에 많은 구절들에서 시내 사본과 바티칸 사본의 본문을 버렸다. 또 파피러스 사본들도 부정확한 사본이라는 것은 충분히 증명된다.

웨스트코트와 호트의 이론은 틀렸다. 그가 극히 중시했던 4세기의 고대 사본들인 א와 B는 문제가 많은 사본들임이 분명해졌다. 사실상, א와 B를 중심한 알렉산드리아 본문 형태란 없다. 그 두 사본은, 호스키어에 의하면, 사복음서에서만 3,036곳이 다르다. 그것들은 파피러스들과도 다르며 파피러스들 상호간에도 서로 다르며, 또 그것들은 2세기에 기원한 고대 역본들(it, syr, cop)과도 다르다.

2. UBS 비평본문은 매우 주관적이고 믿을 만하지 못하다. 웨스트코트와 호트의 이론이 틀렸다면, UBS$^{4, 5}$이나 Nestle$^{27, 28}$처럼 객관적

원리가 없어 보이는, 다섯 명의 편집자들에 의한 주관적, 절충적 본문 선택을 옹호할 것이 아니고, 비평본문학자들이 4세기 사본들에 너무 큰 의미와 가치를 두고 TR을 무가치하게 여긴 지점으로 돌아가서 TR에서부터 수정 보완해야 하는 것이 이치에 맞다. 그러나 UBS와 Nestle 본문은 א와 B의 문제점을 알면서도 원래대로 돌아가지 않고 여전히 א와 B를 선호하는 웨스트코트와 호트의 선입견을 버리지 못했다. 그것은 UBS[4]의 비평각주에서 밝히 드러난다. UBS 비평본문의 주관적 성격은 여러 곳에서 관찰된다. 그 본문은 심지어 매우 근거가 약한 본문들도 채택하였다. 비평본문은 신약성경의 본문을 오히려 매우 혼란스럽게 만들고 있다. 그것은 결코 원본에 더 가까운 본문이 아니다. 그것은 오히려 매우 손상된, 혼란스러운 본문이다.

3. 전통본문은 충분한 고대적 증거들을 가지고 있다. (1) 전통본문은 때때로 시내 사본이나 바티칸 사본보다 더 많은 고대적 증거들(즉 사본, 역본, 교부들의 인용문들의 증거들)을 가진다. (2) 전통본문은 빈번히 2, 3세기의 파피러스 사본들의 지지를 가진다. (3) 전통본문은 주후 400년 이전의 교부들의 글들에서도 많이 인용되었다. (4) 전통본문은 결코 후대의 수정보완된 본문이 아니다.

4. 우리는 전통본문의 권위와 가치를 인정해야 한다. 비잔틴 본문이 후대에 생긴 무가치한 것이라는 생각은 잘못이다. (1) 그것은 성경 본문을 보존하신 하나님의 섭리를 무시한 생각이다. (2) 성경 본문의 보존은 성경의 단어 영감과 무오(無誤)의 진리에 맞다. (3) 신약성경의 전통본문은 초대교회 시대로부터 교회가 신약성경의 권위 있는 본문으로 인정해온 본문이다. 교회역사상, 19세기 말 이전까지 신약성경의 본문 문제는 교회에서 공식적으로 논쟁되거나 변론된 적이 없었다. (4) 신약성경의 전통본문은 절대다수의 사본들의 지지를 받고 있다. 전통본문과 다른 어떤 본문에 대한 고대적 증거가 지극히

적은 것은 그 본문의 중요성과 가치가 크지 않았음을 나타낸다.

스크리브너는 본문비평에 있어서 모든 증거가 사용되어야 한다는 것과 전수본문(TR)을 소홀히 해서는 안 된다는 것을 주장하였다.[72] 버건의 견해도 비슷하였다.[73] 그는 "성경 본문의 진실은 오직 가장 좋은 사본들과 교부들과 역본들의 가장 많은 수의 일치된 증언으로부터 도출되어야 한다"[74]고 보았고, 또 "가장 초기의, 가장 풍부한, 가장 넓은, 가장 존경할 만한, 그리고 무엇보다, 가장 다양한 증거를 누리는"[75] 진실을 중시했다. 그는 모든 것들이 추측, 견해, 취향, 및 기타 내적 추론의 자료들이라는 변하는 모래 위에가 아니고 명확한 외적 증거 위에 세워져야 한다고 보았다.[76]

그러므로 우리는 단지 소수의 사본들에 근거한 비평본문을 버리고 전통본문으로 돌아가야 한다. 헬라교회들이 2천년간 사용해온 신약성경의 전통본문은 신약성경 원본의 본문으로 간주되어야 한다. 그것을 부정할 타당한 이유는 없다. 웨스트코트와 호트가 바티칸 사본과 시내 사본을 중시하여 신약성경의 본문을 과격하게 수정한 것은 대단히 큰 실수요 신약성경본문의 대혼란의 시작이었다.

비평본문 이론은 처음부터(라크만 때로부터) 전통본문을 버림으로 신약성경의 본문을 혼란시켜 왔고 지금도 여전히 그러하다. 그들은 교회들이 오랫동안(1,500년 가량) 신약성경의 바른 본문을 갖고 있지 않았고 또 지금도 갖고 있지 않다고 말한다. 그러나 신약성경의 본문이 보존되어 있지 않다는 주장은 경건한 성도들에게는 불신앙적이고 심지어 신성모독적이게 들린다.

---

72) Miller, p. 32.
73) Ibid., pp. 33-34.
74) Burgon, *The Revision Revised*, p. 518.
75) Ibid., p. 339.
76) Ibid., pp. 19-20, 253.

우리는 전통본문 즉 비잔틴 다수 사본들의 본문이 성령의 감동을 받은 사도들과 제자들이 기록한 신약성경 원본의 본문이라고 믿는다. 그것은 네슬레 28판이나 연합성서공회 5판의 본문보다 훨씬 더 믿을 만한 본문이라고 본다. 전통본문의 회복은 이 문제를 인식하는 주의 종들의 사명이며 성경적 교회의 시대적 주요 과제이다.

반 브루겐은 다음과 같이 말하였다.

> 20세기 본문비평에서, 잘 아는 전통적 혹은 비잔틴 본문의 거절은 지배적이다. 심지어 그 본문은 뮌스터에서 선택 과정에 의해서 완전히 그리고 미리 제외되었다. 이 본문에 반대되는 주장들은 19세기로부터 기원한다. 사람들은 여전히 그러나 충분한 이유 없이 그 주장들을 사용하고 있다. 사실, 이 본문에 반대하여 제기된 많은 것들은 구겨졌다. 계보적 방법은 근거를 잃고 있다. 파피러스들은 예상치 않은 비잔틴 본문들을 담고 있음이 보여졌다. 비잔틴 본문에 반대되는 주장들은 19세기에서보다 훨씬 덜 결정적이다.[77]
>
> 그러므로 교회적 본문을 다시 원상복귀시킬 모든 이유가 있다. 그 본문은 수세기 동안 헬라 교회에 의해 고대적이고 정확한 본문으로 이미 받아들여져 왔다. 그 권리는 증명될 필요가 없다. 과거에 그 본문을 보존했고 전달했던 자들보다 더 잘 안다고 생각하는 자는 증명을 가지고 와야 한다. 위대한 종교개혁의 교회들은 헬라어 본문을 다시 출발점으로 삼았을 때에 이 고대적 본문을 신중하게 채택하였다. 회복된 더 나은 본문으로부터 참된 반증이 있지 않는 한, 이 본문은 신뢰할 만한 것으로 계속 인정되어야 마땅하다. 그런데, 더 나은 본문이 없다. 더 나은 본문에 관한 이론들이 있고 그런 본문의 재건들이 있지만, 그것들은, 저 잘 알려진 고대적 본문에 대한 20세기의 거절에 반대하여, 오직 절충주의의 그리고 되풀이되는 추측적 비평의 당혹함만 남아 있다는 사실을 감출 수 없다. 이 현대의 본문비평에 반대하여, 우리는 그 고대적인 그리고 잘 알려진 본문의 원상회복을 주장하는 바이다.[78]

77) Bruggen, *The Ancient Text of the New Testament,* p. 36.
78) Ibid.

[부록]

1. 킹제임스(KJV) 성경이 무오(無誤)한가?

오늘날 어떤 이는 지나치게 반작용하여 1611년에 번역된 킹제임스(KJV) 혹은 흠정역(AV) 영어성경만 무오(無誤)한 성경이라고 주장한다. 심지어 영어개역판(RV, 1885년)과 그 이후의 대부분의 영어성경들과 한글 개역성경을 이단적이라고까지 말한다.

그러나 1611년에 번역된 킹제임스 혹은 흠정역 영어성경은 무오한 사본에서 번역된 무오한 성경이 아니다. 그것은 당시의 헬라어 성경에 근거하며 주교성경(the Bishops' Bible, 1568년)을 기본으로 삼고 그 전에 나왔던 틴데일성경(Tyndale Bible, 1534년), 매튜성경(Matthew Bible, 1537년), 대성경(the Great Bible, 1539년), 제네바성경(the Geneva Bible, 1560년, 최초로 성경원어에서 번역했고 절 구분을 함) 등을 참고하면서 번역된 매우 잘 번역된 성경이었다.

킹제임스 영어성경을 번역할 당시의 헬라어 성경들에 기초가 된 신약 헬라어 사본들은 제한되어 있었다. 또 그 성경 번역자들은 어느 하나의 헬라어 성경만 고집하지 않았다. 본문에 차이들이 있을 때, 그들은 베자판이나 스티븐판이나 심지어 콤플루텐시안 성경이나 에라스무스판이나 라틴 벌겟역 등을 따랐다.[79] 또 킹제임스 영어성경 1611년판에는 구약성경에 6,637개, 신약성경에 767개 각주가 있었

---

79) 스크리브너는 252구절을 모았는데, 그것들 중에서 그 번역자들은 113구절에서 스티븐 판 대신 베자 판을 따랐고, 59구절에서 베자 판 대신 스티븐 판을 따랐으며, 80구절에서는 스티븐 판이나 베자 판 대신에 콤플루텐시안 성경이나 에라스무스 판이나 라틴 벌겟역을 따랐다. F. H. A. Scrivener, "The Authorized Edition of the English Bible," 1884, Appendix E; Edward Miller, 앞의 책, 12쪽에서 재인용.

다.[80] 오늘날까지 신약성경 원본의 정확무오한 사본은 없다고 보인다. 그러므로 킹제임스 영어성경의 무오성을 주장하는 것은 지나친 믿음일 뿐 아니라, 잘못된 믿음이라고 생각된다.

우리는 신약성경의 전통본문이나 비평본문이 둘 다 성경의 기본적 교리들을 부정하거나 그것들에 충돌하지 않는다고 본다. 비록 그것들 상호간의 차이점들이 어떤 부분들에서는 크지만, 전체적으로 그것들은 교리적으로 치명적 결함이 없다. 한글 개역성경에 근거한 교리들의 체계인 신학은 킹제임스 영어성경에 근거한 교리들의 체계인 신학과 다르지 않다. 하나님께서는 두 종류의 성경본문이 내용적으로 전혀 다른 교리적, 윤리적 교훈을 하도록 허용하지 않으셨다.

네슬(Nestle)은 신약성경에 약 15만개의 변이문이 있으나 그 중에 약 20분의 19는 진정한 권위를 가지지 못한 것이고 그 나머지 7,500개의 변이문 중에 약 20분의 19는 성경의 의미를 변경하지 않으며, 성경의 의미에 관계를 가지는 변이문 약 375개 중에도 얼마는 별로 중요하지 않은 것들이라고 말하였다.[81] 필립 쇄프는 사본들의 변이문들 중에 400개의 차이만 구문의 의미에 영향을 주고 그 중 50개만 실제로 중요하나, 그 어느 것도 신앙의 조항이나 행위의 규범에 영향을 주지 않는다고 말하였다.[82]

우리는 하나님께서 신약성경의 전통본문이든지 비평본문이든지

---

80) F. H. A. Scrivener에 의하면, 구약성경에서 4,111개는 문자역, 2,156개는 가능한 다른 번역이며, 신약성경에서 37개는 다른 본문, 112개는 문자역, 582개는 가능한 다른 번역, 35개는 설명적 각주 혹은 간단한 해설이라고 한다(James White, *The King James Only Controversy*, p. 77).

81) 박형룡, 교의신학: 제1권 서론, 335.

82) Philip Schaff, *Companion to the Greek Testament and the English Version* (Harper, 1883), p. 177; Norman Geisler and William E. Nix, *A General Introduction to the Bible* (Chicago: Moody Press, 1986), p. 474에서 재인용.

지금까지 죄인들의 구원과 성도들의 온전함을 위해 사용하셨고 오늘날도 사용하고 계신다고 믿는다. 그러므로 비평본문을 이단적이라고 말함으로써 하나님께서 그 동안 행하신 많은 구원과 은혜의 역사를 부정하거나 과소평가해서는 안 될 것이다. 우리는 신약성경의 전통본문이 다시 회복되어야 한다고 생각하지만, 그러나 이제까지 귀하게 사용된 한글 개역성경에 대한 과격한 비난과 정죄는 삼가야 할 것이다. 하나님께서 크신 은혜로 우리나라에 주신 한글 개역성경을 존중하면서, 조심스럽게 신약성경의 바른 본문을 확인하고 확증하는 것이 건전한 태도일 것이다.

2. Miller, *Textual Criticism* 복습문제

1. (3쪽) 영어 개역성경(RV, 신약 1881년)의 헬라어 본문은 전수본문(TR)을 몇 군데나 수정하였는가?
2. (3쪽) 영어 개역성경(RV)은 영어 킹제임스역(KJV)을 몇 군데나 수정하였는가?
3. (8-9쪽) 최초로 출판된 헬라어 신약성경은 언제 나왔고, 누구에 의해 편집된 것인가?
4. (10쪽) 역사상 최초로 여러 본문들(readings)을 포함한 헬라어 성경은 누가 편집한 헬라어 성경 제 몇 판인가?
5. (10쪽) 최초로 절을 구분한 헬라어 성경은 누가 편집한 헬라어 성경 제 몇 판인가?
6. (8-10쪽) 16세기에 전수본문 헬라어 성경을 출판한 세 사람은 누구인가?
7. (11쪽) 최초로 '전수본문'(Received Text)라는 표현을 책 서문에 사용한 헬라어 성경은 누가 편집한 것이었는가?
8. (12쪽) 영국에서 표준적 '전수'(Received) 본문으로 간주된 것은 누가 편집한 헬라어 성경이었는가?
9. (12쪽) 유럽 대륙에서 표준적 '전수'(Received) 본문으로 인정된 것은 누가 편집한 헬라어 성경이었는가?
10. (12쪽) 전수본문이 서로 다를 때, 영어 킹제임스 성경이 따랐던 헬라어 성경 네 권과 라틴어 성경 한 권은 각각 무엇인가?
11. (14쪽) 본문비평학에서 목조건물을 대리석으로 발전시켰다고 표현되는 인물은 누구인가?
12. (16쪽) 사본들을 아프리카 계통과 아시아 계통으로 나누고, 원리상 최초로 전수본문의 표준으로부터 떠난 인물은 누구인가?
13. (16쪽) 신약성경의 문단(paragraphs) 구분을 처음 도입한 인물은 누구인가?
14. (17쪽) 최초로 사본들을 서방 계열, 알렉산드리아 계열, 비잔틴 계열로 나눈 인물은 누구인가?
15. (20-25쪽) 극단적 비평학파의 계보가 되는 다섯 명의 학자들을 열거하라.
16. (20쪽) 라크만(Lachmann)의 제일 원리는 무엇이었는가?
17. (25쪽) 티쉔도르프의 헬라어 성경 제8판은 무슨 사본의 도움으로 구성되었는가?

18. (25쪽) 티쉔도르프의 제8판은 제7판을 몇 구절 이상 변경하였는가?
19. (26쪽) 웨스트코트와 호트는 어떤 두 개의 사본들을 중시하였는가?
20. (31-32쪽) 극단적 비평학파에 반대하여 전통본문을 옹호했던 두 명의 대표적 학자는 누구이었는가?
21. (32쪽) 스크리브너(Scrivener)가 일관되게 취한 노선은 무엇인가?
22. (32쪽) 스크리브너는 전수본문의 수정을 가능하다고 보는가?
23. (34쪽) 딘 버건의 주장한 요점은 한마디로 무엇인가?
24. (34쪽) 딘 버건은 바티칸 사본과 시내 사본에 대해 어떻게 평가하였는가?
25. (34-36쪽) 바티칸 사본과 시내 사본에 대한 부당한 높은 평가를 비평했던 그 외의 학자들 여덟 명 중 네 명만 열거해 보라.
26. (39쪽) 호트가 바티칸 사본과 시내 사본을 높게 평가한 주된, 첫 번째 근거는 무엇인가?
27. (41쪽) 호트가 사본들을 분류하는 네 계열(families)은 무엇인가?
28. (42쪽) 호트는 수리아 계열(비잔틴 사본들)의 본문을 무어라고 평가하는가?
29. (42쪽) 호트가 수리아(비잔틴) 계열의 본문을 무가치하게 보는 두 가지 이유가 무엇인가?
30. (43쪽) 호트가 원본에 가장 가까운 중립 계열로 보는 두 개의 사본은 무엇인가?
31. (44쪽) 밀러는 호트가 두 개의 사본만 중시하고 전체 증거들의 얼마를 버렸다고 지적하는가?
32. (45쪽) 밀러는 사실에 입각한 증명이 필요할 때 호트의 변론은 어떠하다고 평가하는가?
33. (46쪽) 바티칸 사본과 시내 사본이 오류가 많은 사본이라고 낮게 평가하는 네 명의 대표적 학자들을 말해보라.
34. (49쪽) 밀러는 계보(genealogy)의 원리가 선조(모체가 되는 사본)의 측면뿐 아니라, 또한 무엇의 측면에서도 고려되어야 한다고 말하는가?
35. (49쪽) 밀러는 바티칸 사본과 시내 사본은 어떤 점에서 매우 심각한 불신임을 받는다고 말하는가?
36. (51쪽) 호트는 본래의 수리아 역본은 무엇이라고 보는가?
37. (51쪽) 호트는 주후 250년과 350년 사이에 에뎃사나 니시비스나 안디옥에서 일어났다고 추정하는 초기 수리아 역본의 개정판이 무엇이라고 보는가?
38. (51쪽) 수리아역 페쉬토는 이제까지 몇 세기의 것이라고 여겨졌는가?
39. (51쪽) 호트가 주장하는 수리아 역본의 수정 사건을 증거하는 역사적

자료가 있는가?
40. (51-52쪽) 웨스트코트와 호트는 수리아 계열의 복음서 헬라어 본문은 어느 도시에서 개정되었다고 말하는가?
41. (52쪽) 웨스트코트와 호트는 복음서 헬라어 본문이 무슨 역본에 근거해 개정되었다고 보는가?
42. (52쪽) 웨스트코트와 호트가 주장하는 복음서 헬라어 본문의 어떤 권위 있는 개정이 일어났다는 것을 추정할 만한 단 한 개의 사건이라도 역사상 기록이 있는가?
43. (52쪽) 수리아 계열 헬라어 본문의 무가치성을 주장하기 위해 제시된 여덟 개의 예들이 명확하고 충분한가?
44. (53쪽) 딘 버건은 다섯 구절들에서 호트가 옹호한 본문에 반대되는, 니케야 회의 이전의 저작자들로부터 몇 개의 권위적 자료들(authorities)을 인용하였는가?
45. (56쪽) 딘 버건은 바티칸 사본과 시내 사본을 수년 동안 대조 연구한 후에 그것들의 특성을 한 마디로 무엇이라 말하였는가?
46. (56쪽) 티쉔도르프는 바티칸 사본을 사본 대조한 후에 무어라고 말했는가?
47. (56쪽) 바티칸 사본의 편집자이었던 베르셀론은 그 사본에 대해 무어라고 말하였는가?
48. (60쪽) 딘 버건은 전수본문(TR)이 수정이 필요하다고 보는가?
49. (61쪽) 전통본문학파의 중심적 원리는 무엇인가?
50. (63쪽) 전통본문학파는 전통본문이 1500년 동안 교회 안에서 이의 없이 인정되어 왔다는 사실뿐 아니라, 또한 무엇을 믿고 강조하는가?
51. (63쪽) 전통본문학파는 무슨 본문을 가장 중요하게 여기는가?
52. (63쪽) 전통본문학파는 TR(전수본문, Received Text)에 대해 어떻게 생각하는가?
53. (74-75쪽) 스크리브너, 버건, 밀러 등 전통본문학파는 옛 라틴어역과 수리아어 페쉬토역의 연대를 몇 세기로 보는가?
54. (74-75쪽) 옛 라틴어역의 개정과 옛 수리아어역의 추정된 개정을 비슷하다고 주장하는 주장이 착각이라는 세 가지 이유는 무엇인가?
55. (75쪽) 수리아어 페쉬토역은 무슨 헬라어 본문과 비슷한가?
56. (76쪽) 멤피틱(콥트어 보하릭) 역본과 데바익(콥트어 사히딕) 역본의 연대는 몇 세기로 추정되는가?
57. (79-83쪽) 유세비우스는 누구의 영향을 받은 자인가?
58. (81-83쪽) 밀러는 바티칸 사본과 시내 사본이 어느 황제의 명령으로, 누구의 지도 아래 만들어졌을 가능성이 크다고 보는가?

59. (84-85쪽) 밀러는 딘 버건의 인용들에 근거하여 임의로 선택된 15개의 성경 구절들에 관련하여 크리소스톰 이전에 살았던 38명의 교회 저작자들의 글들 중 몇 곳에서 그들이 전통본문을 증거하는 사본들을 따랐음을 증명하였는가?
60. (85쪽) 바티칸 사본과 시내 사본보다 200년 전에 만들어진 두 개의 대표적 역본들은 무엇인가?
61. (85쪽) 바티칸 사본과 시내 사본보다 200년 전에 만들어진 두 개의 역본들 중 특히 헬라어 전통본문을 지지하는 것은 어느 역본인가?
62. (85쪽) 헬라어 전통본문의 연대가 니케야 회의 이전이나 교회의 가장 초기로 거슬러 올라가지 못한다는 주장은 확실한 근거가 있는가?
63. (98쪽) 2세기에 만들어졌다고 생각되는 네 가지의 역본들은 무엇인가?
64. (100쪽) 8세기 이후의 헬라어 대문자 사본들은 어떤 본문과 확고한 일치를 증거하는가?
65. (101쪽) 소문자 사본들은 몇 개들을 제외하고는 어떤 본문을 증거하는가?
66. (102쪽) 성구집(lectionaries)은 어디에서 사용되었기 때문에 특별한 가치를 가지는가?
67. (103쪽) 바티칸 사본이 만들어지기 전에 저작활동을 했던 교부들이 약 몇 명이며, 또 6세기 말까지 약 몇 명이 더 있는가?
68. (103쪽) 6세기 초부터의 교부들의 증거는 일치하며 시종일관하게 어떤 본문을 찬성하는가?
69. (110쪽) 성구집 사본은 8세기로 거슬러 올라가지만, 성구집 체계는 몇 세기까지 거슬러 올라간다고 보는가?
70. (112쪽) 성구집의 두 종류는 무엇인가?
71. (112쪽) 예배의식서(liturgies)는 적어도 몇 세기까지 거슬러 올라가는가?
72. (119쪽) 밀러는 본문비평자의 첫 번째 목표가 무어라고 말하는가?
73. (120쪽) 밀러는 본문비평자의 두 번째 목표(과제)는 무어라고 말하는가?
74. (120쪽) 밀러는 본문의 확실성(authenticity, 진정성)을 내면적 증거와 외적 증거 중 어디 위에 세우는가?
75. (120-121쪽) 밀러가 말하는 본문비평에 있어서 어느 정도 참고가 되는 내적 증거의 일곱 가지의 규범들은 무엇인가?
76. (122쪽) 밀러는 이 모든 일에 있어서 참된 인도자는 누구라고 말하는가?

제2부. 신약본문비교

앞에서 결론을 내린 바대로, 신약성경의 본문을 확정하는 건전한 방법은 헬라어 전통본문(Byz 다수사본의 본문)(Byz 혹은 𝔐)에 신임을 두는 것이라고 본다. 전통본문(Byz)의 고대적 지지가 상대적으로 매우 약한 경우, 본문 선택에 이성적으로 어려움이 있어 보이는 것이 사실이다. 그러나 신약성경 전체로 볼 때, 확실히 오류가 많은 바티칸 사본(B)과 시내 사본(א)이나, 매우 주관적인 비평본문보다 전통본문에 신임을 두는 것이 옳다고 본다. 그러나 전통본문의 고대적 증거가 약해 보이는 경우, 참고로 다른 본문과 그것의 중요한 고대적 증거들을 각주에 둘 수 있을 것이다.

5세기 이하의 고대적 증거들(ancient witnesses)(사본, 역본, 교부들 등) 중에 중요한 것들의 연대적 분류는 다음과 같다.

2세기--Irenaeus Diatessaron

3세기--p^{45} p^{46} p^{47} p^{66} p^{75} $cop^{sa\ bo\ pbo\ meg\ fay\ ach}$ Clement Origen Tertullian Cyprian

3-4세기--p^{72} syr^{s} syr^{c}

4세기--א B it^{a} (א$^{*\ 1\ 2}$-- *는 본래의 본문, 1, 2 등은 수정된 본문)

4-5세기--W it^{k} vg

5세기--A C D(사복음서, 사도행전) I T 048 $it^{b(\text{복})\ d(\text{복, 행})\ e(\text{복})\ ff2\ h\ i}$ $it^{\mu(\text{복})\ n\ \phi}$ syr^{p} arm geo

그 외에 본문에 나오는 중요한 약어로 Byz는 헬라어 전통사본들의 본문, 𝔐은 절대 다수사본들의 본문, M은 다수사본들의 본문, Lect는 성구집 다수본문, ℓ는 성구집 개별사본, UBS^{4}는 연합성서공회 4판, MT^{2}는 넬손(Nelson) 다수사본 2판을 가리킨다. ⋆는 원본 추정본문.

신약성경 전통본문 옹호 수정표

[67쪽] 마 1:25, ★"그 여자의 맏아들"--Byz C (D) . . .

[78쪽] 마 28:2, ★"문으로부터 돌을"--Byz A C W . . .

[79쪽] 막 1:1, ★"하나님의 아들"--[UBS] Byz A B . . .

막 1:2, ★"선지자들"--Byz A W . . .

[80쪽] 막 2:16, ★"서기관들과 바리새인들이"--Byz A . . .

막 2:17, ★"불러 회개시키러"--**M** C

막 2:18, ★"바리새인들의 [제자들이]"--Byz . . .

막 3:14, ★"세우셨으니"--A (D) it$^{a\ b\ d\ e\ ff2}$ . . .

막 3:15, ★"병들을 고치며"--Byz A W lat (syr$^{p\ s}$)

막 3:16, ★(생략)--Byz A D it$^{b\ d\ ff2}$ vg syr$^{p\ s}$ . . .

[81쪽] 막 4:19, ★"이 세상의"--Byz A

막 5:12, ★"그 모든 귀신들이 간구하여"--Byz . . .

막 5:36, ★"즉시 들으시고"--Byz A C (it^{a})

[82쪽] 막 5:41, ★"달리다 쿠미"--Byz A vg

막 6:22, ★"헤로디아 자신의 딸"--Byz A C . . .

막 6:33, ★"먼저 가서 그에게 모였더라"--Byz

[83쪽] 막 6:41, ★"그의 제자들에게"--Byz p^{45} A D . . .

막 6:51, ★"매우 심히"--Byz A it$^{a\ d\ ff2\ i}$ vg

★"놀라며 의아해하니"--Byz A D W . . .

막 7:5, ★"씻지 않은"--Byz A it syr

[84쪽] 막 7:19, ★"뒤로 나가며 모든 식물을 깨끗케 . . .

[86쪽] 막 9:49, ★". . . 받으며 모든 제물이 . . .

[87쪽] 막 10:21, ★"십자가를 지고"--Byz A . . .

막 10:24, ★"재물을 의지하는 자는"--Byz A . . .

[94쪽] 눅 7:10, ★"아팠던 종"--Byz A C (D it^{a}) . . .

[98쪽] 눅 11:34, ★"그러므로 네 눈이"--Byz A C . . .

눅 11:42, ★"이것도 행하고"--Byz א* A . . .

눅 11:44, ★"너희 서기관들과 바리새인들, . . .

마태복음

마 1:18, "예수 그리스도의 나심은 이러하니라."

⋆"예수 그리스도"--UBS Byz p^{1} ℵ C syr^{p} cop$^{sa\ meg\ bo}$ arm Diatessaron^{arm} Irenaeus^{gr} Origen

"그리스도 예수"--B Origen^{lat}

"그리스도"--it$^{a\ b\ d\ k}$ vg syr$^{s\ c}$ Irenaeus^{lat}

⋆γέννησις(birth, γεννάω에서 나온 말)--Byz it$^{a\ b\ d\ k}$ vg Irenaeus^{gr} Origen

γένεσις(birth, γίνομαι에서 나온 말)--UBS p^{1} ℵ B C arm

마 1:25, "아들을 낳기까지 동침치 아니하더니."

⋆여자의 맏아들"--Byz C (D) it$^{(d)}$ vg syr^{p} arm Diatessaron

"아들"--UBS ℵ B it$^{b\ k}$ syr$^{s\ c}$ cop$^{(sa)\ meg\ (bo)}$

마 3:16, "하늘이 열리고."

⋆"그에게"--[UBS] Byz C it$^{a\ b\ d}$ vg syr^{p} cop$^{meg\ bo}$ arm Irenaeus^{gr}

(생략)--ℵ* B vg^{mss} syr$^{s\ c}$ cop^{sa} Irenaeus^{lat}

마 4:10, "사단아, 물러가라."

⋆"내 뒤로"--Byz D it$^{(a)\ b\ d\ h}$ vg$^{ms\ (mss)}$ syr$^{(s)\ c}$ cop$^{sa\text{-}mss}$ cop$^{bo\text{-}mss}$ arm Diatessaron^{syr}

(생략)--UBS ℵ B C* W it^{k} vg syr^{p} cop$^{sa\text{-}ms\ meg\ bo}$ Diatessaron^{arm} Origen Tertullian

마 5:11, "거짓으로 너희를 거스려〔거슬러〕 모든 악한 말을 할 때에는."

⋆"거짓으로 너희를 거슬러"--[UBS] Byz ℵ B C W vg syr^{p} syr^{c} cop$^{sa\ meg\ bo}$ arm geo Origen$^{1/2}$

"너희를 거슬러"--D it$^{b\ d\ h\ k}$ syr^{s} Origen$^{1/2}$ Tertullian

마 5:22, "형제에게 노하는 자마다."

⋆"까닭 없이"--Byz D W it$^{a\ b\ d\ h\ k}$ vg^{mss} syr$^{p\ s\ c}$ cop$^{sa\ meg\ bo}$ arm Irenaeus^{lat} Cyprian

(생략)--UBS p^{64} ℵ* B vg Origen Tertullian^{vid}

마 5:44, "너희 원수를 사랑하며."

★"너희 원수를 사랑하며 너희를 저주하는 자들을 축복하며 너희를 미워하는 자들에게 선을 베풀며"--Byz (D*) W it$^{d\ h}$ (syr^{p}) cop^{meg} arm^{mss}

"너희 원수를 사랑하며 너희를 저주하는 자들을 축복하며"--Clement Tertullian

"너희 원수를 사랑하며 너희를 미워하는 자들에게 선을 베풀며"--it^{a} vg arm^{mss}

"너희 원수를 사랑하며"--UBS ℵ B it^{k} syr$^{s\ c}$ cop$^{sa\ bo\text{-}pt}$ Irenaeus$^{lat\text{-}vid}$ Origen Cyprian

마 5:44, "너희를 핍박하는 자를 위하여 기도하라."

★"너희를 모욕하고 너희를 핍박하는 자를 위하여 기도하라"--Byz (D* W) it$^{(a)(d)(h)}$ syr$^{(p)}$ arm

"너희를 핍박하는 자를 위하여 기도하라"--UBS ℵ B it^{k} syr$^{c\ s}$ cop$^{sa\ bo\text{-}pt}$ Origen$^{5/6}$ Tertullian Cyprian

마 5:47, "이방인들도 이같이 아니하느냐?"

★"세리들도"--Byz W it^{h} syr^{p}

"이방인들도"--UBS ℵ B D it$^{a\ b\ d}$ vg syr^{c} cop$^{sa\ meg\ bo\ fay}$ Cyprian

마 6:1, ". . . 너희 의를 행치 않도록 주의하라."

★"구제"(ἐλεημοσύνην)--Byz W it^{k} syr^{p} cop^{meg}

"구제"(δόσιν)--syr^{c} cop^{bo}

"의"--UBS 한글개역 ℵ* B D lat

마 6:4, ". . . 너의 아버지가 갚으시리라."

★"드러나게"--Byz W it$^{a\ b\ h}$ syr$^{p\ s}$ arm Diatessaron^{arm}

(생략)--UBS ℵ B D it$^{d\ k}$ vg syr^{c} cop$^{sa\ meg\ fay\ bo}$ Diatessaron^{syr} Origen Cyprian

마 6:13, "(나라와 권세와 영광이 아버지께 영원히 있사옵나이다.아멘)."

★(본문)--(한글개역) Byz W it^{k} syr$^{(p)\ c}$ cop$^{(sa)\ bo\text{-}mss}$ arm (Didache)

(생략)--UBS ℵ B D it$^{a\ b\ h}$ vg cop^{meg} Diatessaron^{syr} Origen Tertullian Cyprian

마 6:33, "너희는 먼저 그의 나라와 그의 의를 구하라."

⋆"하나님의 나라와 그의 의"--[UBS] Byz W $it^{a\ b\ h}$ $vg^{cl\ ww}$ syr^{p} syr^{c} cop^{meg} arm $Diatessaron^{syr}$
"그 나라와 그의 의"--א
"그 의와 그의 나라"--B
"그의 나라"--$cop^{sa\ bo}$

마 8:10, "이스라엘 중 아무에게서도 이만한 믿음을 . . . ."

⋆"이스라엘 중에서라도"--Byz א C $it^{b\ h}$ vg $syr^{p\ s}$ cop^{meg} arm $Diatessaron^{syr}$ $Origen^{lat}$
"이스라엘 중 아무에게서도"--UBS B W it^{a} syr^{c} $cop^{sa\ bo}$ $Diatessaron^{arm}$

마 8:25b, "주여, 구원하소서."

⋆"우리를"--Byz W $it^{a\ b\ h\ k}$ vg $syr^{p\ s}$ $cop^{sa\ meg\ bo}$ arm geo
(생략)--UBS א B C $cop^{bo\text{-}mss}$

마 8:28, "예수께서 건너편 가다라 지방에 가시매."

⋆"겔게세네"--Byz cop^{bo} arm Origen $Diatessaron^{arm}$
"가다라"--UBS B C $syr^{p\ s}$ $Diatessaron^{syr}$ Cyprian
"거라사"--$it^{a\ b\ d}$ vg $cop^{sa\ meg}$
"가자라"--$א^{*}$

마 8:29, "하나님의 아들이여."

⋆"하나님의 아들 예수여"--Byz W 0242^{vid} it vg^{cl} syr^{p} $cop^{sa\ bo\text{-}pt}$
(본문)--UBS א B C^{*} it^{k} vg^{st} syr^{c} $cop^{meg\ bo\text{-}pt}$

마 9:4, "예수께서 그 생각을 아시고 가라사대."

⋆"보시고"--UBS Byz א C D W $it^{a\ b\ d\ k}$ vg cop^{bo}
"아시고"--B syr^{p} $cop^{sa\ meg}$ arm

마 9:13, "내가 . . . 죄인을 부르러 왔노라."

⋆"불러 회개시키러"--Byz C syr^{s} cop^{sa}
"부르러"--UBS א B D lat syr^{p}

마 11:15, "귀 있는 자는 들을지어다."

⋆"들을 귀 있는 자"--Byz א C W $it^{a\ b\ h}$ vg $syr^{p\ c}$ $cop^{sa\ meg\ bo}$ arm geo $Diatessaron^{arm}$ Justin

"귀 있는 자"--UBS B D it$^{d\ k}$ syr^{s}

마 11:19, "지혜는 그 행한 일로 인하여 옳다 함을 얻느니라."

⋆"그 자녀들로 인하여"--Byz C D it$^{a\ d\ h}$ vg syr$^{s\ c}$ cop$^{sa\text{-}mss\ meg}$ arm Origen

"그 행한 일로 인하여"--UBS ℵ B* syr^{p} cop$^{sa\text{-}mss\ bo}$

마 12:4, "그가 하나님의 전에 들어가서 . . . 먹지 아니하였느냐?"

⋆"그가 . . . 먹었다"--Byz p^{70} C D W it$^{a\ b\ d\ h\ k}$ vg syr$^{p\ c}$ cop^{sa} cop$^{meg\ bo}$ arm geo Diatessaron

"그들이 . . . 먹었다"--UBS ℵ B

마 12:15, "사람이 많이 좇는지라."

⋆"많은 무리(ὄχλοι πολλοί)"--UBS Byz C D W it^{d} syr^{p} cop$^{sa\text{-}ms}$ cop^{bo} arm geo Origen

"많은 사람(πολλοί)"--ℵ B it$^{a\ b\ ff2\ k}$ vg (syr$^{s\ c}$)

마 12:22, "그 벙어리가 말하며 보게 된지라."

⋆"그 눈멀고 벙어리된 자가"--Byz C (W syr^{p})

"그 벙어리가"--UBS ℵ B D syr$^{s\ c}$ cop

마 12:25, "예수께서 저희 생각을 아시고."

⋆"그러나 예수께서"--Byz C W it$^{a\ b\ ff2\ h}$ vg syr^{p} cop^{meg} arm geo

"그러나 그가"--UBS ℵ* B cop^{sa}

마 12:47, "한 사람이 예수께 여짜오되 보소서, 당신의 모친과 동생들이 당신께 말하려고 밖에 섰나이다 하니."

⋆(본문)--[UBS] Byz C D W it$^{a\ b\ d\ ff2\ h}$ vg syr^{p} cop$^{meg\ bo}$ arm Diatessaron Origen^{lat}

(생략)--ℵ* B it^{k} syr$^{s\ c}$ cop^{sa}

마 13:9, "귀 있는 자는 들으라."

⋆"들을 귀 있는 자"--Byz C D W it$^{b\ ff2}$ vg syr$^{p\ c}$ cop$^{sa\ meg\ bo}$ arm Diatessaron^{arm}

"귀 있는 자"--UBS ℵ* B it$^{a\ e}$ syr^{s}

마 13:43, "귀 있는 자는 들으라."

⋆"들을 귀 있는 자"--Byz C D W it$^{d\ ff2\ h}$ vg^{cl} syr$^{p\ s\ c}$ cop$^{sa\ meg}$

cop^{bo} arm Diatessaron^{arm} Origen
"귀 있는 자"--UBS ℵ* B it$^{a\ b\ e\ k}$ vg

마 13:55, "그 형제들은 야고보, 요셉, 시몬."

★"요세스"--Byz W it^{k} arm Lect$^{pt\ AD}$
"요셉"--UBS B C it$^{a\ b\ ff2\ h}$ vg syr$^{s\ c}$ cop^{meg} Origen$^{2/3}$
"요안네스"--ℵ^{*vid} D it^{d} vg^{mss} Origen$^{1/3}$ Lect^{pt}

마 14:24, "배가 이미 육지에서 수리(數里)나 떠나서."

★"바다 가운데 있어"--Byz ℵ C (D) it$^{a\ b\ (d\ e)\ ff2}$ vg cop$^{(meg\ fay)}$ Origen
"육지에서 수리나 떠나서"--UBS B syr$^{p\ c}$ (cop^{sa})

마 14:29, "물 위로 걸어서 예수께로 가되."

★"예수께 가려고 물 위로 걸어가다가"--Byz D it$^{a\ b\ d\ e\ ff2}$ vg syr^{p} cop$^{meg\ bo}$ Origen
(본문)--UBS B C^{*vid} syr$^{c\ s}$ arm
"가려고 물 위로 걸어갔다. 그러므로 그가 걸어갔다"--ℵ*

마 14:30, "바람을 보고 무서워 빠져가는지라."

★"강한 바람을 보고"--Byz C D it$^{a\ b\ d\ e\ ff2\ h}$ vg syr$^{p\ c\ s}$ arm geo Origen
(본문)--UBS ℵ B* cop$^{sa\ bo}$

마 15:6, "그 부모를 공경할 것이 없다 하여."

★"그의 아버지나 그의 어머니"--Byz C W it$^{(b\ ff2)}$ vg$^{(mss)\ cl}$ syr^{p} syr$^{(s)}$ (arm Diatessaron$^{arm\ sy}$ Origen)
"그의 아버지"--UBS ℵ B D it$^{a\ d\ e}$ syr^{c} cop^{sa} Origen^{lat}

마 15:15, "이 비유를 우리에게 설명하여 주옵소서."

★"이 비유를"--[UBS] Byz C D it$^{a\ d\ e\ ff2}$ vg syr$^{p\ c\ s}$ cop$^{sa\text{-}ms\ meg}$ arm
"그 비유를"--ℵ B vg^{mss} cop$^{sa\ bo}$ Origen

마 15:39, "마가단 지경에 가시니라."

★"막달라"--Byz (C W cop$^{bo\ meg}$) arm geo
"마가단"--UBS ℵ* B it$^{(a)\ d\ (ff2)}$ (vg syr^{p} cop^{sa})

마 16:2-3, "예수께서 대답하여 가라사대 너희가 저녁에 하늘이 붉으면 날이 좋겠다고 하고 아침에 하늘이 붉고 흐리면 오늘은 날이 궂겠다 하나니 너희가 천기는 분별할 줄 알면서 시대의 표적은 분별할 수 없느냐?"

★(본문)--[UBS] Byz C D W it$^{a\ b\ d\ e\ ff2}$ vg syr^{p} cop$^{bo\text{-}pt}$ arm

(생략)--ℵ B syr$^{c\ s}$ cop$^{sa\ meg}$ arm Origen

마 16:13, "사람들이 인자를 누구라 하느냐?"

★"나 인자를"--Byz (C D W) it$^{(a\ b\ e)\ ff2}$ (vg^{mss} arm geo Diatessaron^{arm} Irenaeus Tertullian)

"인자를"--UBS ℵ* B vg cop$^{sa\ meg\ bo}$ Origen$^{gr/lat}$

마 16:20, "자기가 그리스도인 것을 아무에게도 이르지 말라 하시더라."

★"그리스도 예수"--Byz C (D) W it^{d} vg cop$^{sa\text{-}ms\ meg\ bo}$

"그리스도"-- ℵ* B it$^{a\ b\ e\ ff2}$ vg^{mss} syr$^{p\ c}$ cop$^{sa\text{-}mss}$ arm Diatessaron Origen$^{gr\ lat}$

마 17:4, "내가 여기서 초막 셋을 짓되."

★"우리가"--Byz D W it$^{a\ d\ (e)}$ vg syr$^{p\ c}$ cop$^{sa\ meg\ bo}$ arm Origen

"내가"--UBS ℵ B C it$^{b\ ff2}$ vg^{mss}

마 17:20, "너희 믿음이 적은 연고니라."

★"없는"--Byz C D W it$^{a\ b\ d\ e\ ff2}$ vg syr$^{p\ s}$

"적은"--UBS ℵ B syr^{c} cop$^{sa\ meg\ bo}$ arm Diatessaron Origen

마 17:21, (생략)

★"그러나 이런 유의 것은 기도와 금식으로가 아니고서는 나가지 아니하느니라"--Byz C D W it$^{a\ b\ d\ ff2}$ vg (syr^{p}) cop$^{(meg)}$ cop$^{bo\text{-}pt}$ arm Diatessaron Origen

(생략)--UBS ℵ* B it^{e} syr$^{s\ c}$ cop$^{sa\ bo\text{-}pt}$

마 18:11, (생략)

★"인자는 잃은 자를 구원하러 왔노라"--Byz D W it$^{a\ b\ d\ ff2}$ vg syr$^{p\ c}$ arm Diatessaron

(생략)--UBS ℵ B it^{e} syr^{s} cop$^{sa\ meg\ bo\text{-}pt}$

마 18:15, "네 형제가 죄를 범하거든."

★"네게 죄를"--[UBS] Byz D (W) it$^{a\ b\ d\ e\ ff2\ h}$ vg syr$^{p\ s\ c}$ cop^{meg}

cop$^{\text{bo-pt}}$ arm

"죄를"--ℵ B

마 19:9, "누구든지 음행한 연고 외에 아내를 내어버리고 다른 데 장가 드는 자는 간음함이니라."

⋆". . . 간음함이요 버리운 여자와 결혼하는 것도 간음함이니라"--Byz B (C* W) vg syr^{p} (cop^{bo}) arm Origen$^{\text{lat 1/2}}$

(본문)--UBS ℵ D it$^{\text{a b d e ff2 h}}$ vg^{ms} syr$^{\text{s c}}$ cop$^{\text{sa bo-ms}}$ Origen

마 19:16, "가로되 선생님이여, 내가 무슨 선한 일을 하여야 영생을."

⋆"선한 선생님이여"--Byz C W it$^{\text{b ff2 h}}$ vg syr$^{\text{p s c}}$ cop$^{\text{sa meg bo-pt}}$ arm Justin Origen$^{\text{1/2}}$

"선생님이여"--UBS ℵ B D it$^{\text{a d e}}$ cop$^{\text{bo-pt}}$ Origen$^{\text{1/2}}$

마 19:17, "어찌하여 선한 일을 내게 묻느냐?"

⋆"어찌 나를 선하다 일컫느냐?"--Byz C W syr^{p} cop$^{\text{sa bo-ms}}$ Justin

(본문)--UBS ℵ B D vg it$^{\text{a b d ff2}}$ arm (syr$^{\text{s c}}$) cop$^{\text{meg bo}}$ Origen

마 19:20, "이 모든 것을 내가 지키었사오니."

⋆"나의 어릴 때부터"--Byz C (D) W it$^{\text{a b (d) e ff2 h n}}$ vg^{cl} syr$^{\text{p (s)}}$ syr$^{\text{(c)}}$ cop$^{\text{sa meg}}$ cop^{bo} arm geo Origen$^{\text{gr lat}}$

(생략)--UBS ℵ* B vg Cyprian

마 19:29a, "내 이름을 위하여 집이나 형제나 자매나 부모나 자식이나 전토를 버린 자마다 여러 배를 받고."

⋆"아버지나 어머니나 아내나 자식이나"--Byz ℵ C W it^{h} vg syr^{p} cop$^{\text{sa meg bo}}$ arm geo

"아버지나 어머니나 자식이나"(본문)--UBS B it^{a}

⋆"백배를 받고"--UBS Byz ℵ C D W it$^{\text{a b d e ff2}}$ vg syr$^{\text{p s c}}$ cop^{bo} arm

"여러 배를 받고"(본문)--B cop$^{\text{sa meg}}$ Origen

마 20:6, "제11시에도 나가 보니 섰는 사람들이 또 있는지라."

⋆"게으르게 섰는 사람들이"--Byz C W it^{h} syr^{p} arm Origen^{lat}

(본문)--UBS ℵ B lat cop^{bo}

마 20:7, "너희도 포도원에 들어가라 하니라."

★"들어가라. 네가 상당하게 받으리라 하니라"--Byz C* W $syr^{p\ (c)}$ (cop^{bo-mss})

"들어가라 하니라"--UBS ℵ B $cop^{sa\ bo-pt}$ Diatessaron

마 20:16, (생략)

★"이는 많은 사람이 부름을 입으나 적은 사람이 택함을 입음이니라"--Byz C D W $it^{b\ d\ e\ ff2\ h\ n}$ vg $syr^{p\ c\ s}$ $cop^{meg\ bo-pt}$ arm geo

(생략)--UBS ℵ B $cop^{sa\ bo-pt}$ Diatessaron

마 20:22, "나의 마시려는 잔을 너희가 마실 수 있느냐?"

★"마시거나 나의 받을 세례를 받을 수"--Byz C W it^{h} syr^{p} arm $Origen^{lat}$

(본문)--UBS ℵ B D $it^{b\ d\ e\ ff2}$ $syr^{c\ s}$ $cop^{sa\ meg}$

마 20:23, "너희가 과연 내 잔을 마시려니와."

★"마실 것이요 내가 받을 세례를 받으려니와"--Byz (C) W syr^{p}

(본문)--UBS ℵ B D lat $syr^{c\ s}$

마 20:31, "주여, 우리를 불쌍히 여기소서."

★"우리를 불쌍히 여기소서, 주여"--UBS Byz C W $it^{(e)\ ff2}$ syr^{c} cop^{sa-ms} cop^{meg}

"주여, 우리를 불쌍히 여기소서"--ℵ B D $it^{b\ d\ h}$ vg syr^{p} cop^{sa-mss} $cop^{(bo)}$ arm

마 21:12, "예수께서 성전에 들어가사."

★"하나님의 성전에"--Byz C D W $it^{a\ d\ e\ ff2\ h}$ $syr^{p\ c}$

"성전에"--UBS ℵ B it^{b} $cop^{sa\ meg\ bo}$ arm

마 21:13, "너희는 강도의 굴혈을 만드는도다."

★"만들었도다"--Byz C D W

"만드는도다"--UBS ℵ B cop^{bo}

마 21:29-31, "〔첫째 아들이〕 대답하여 가로되 아버지여 가겠소이다 하더니 가지 아니하고 . . . 〔둘째 아들이〕 싫소이다 하더니 그 후에 뉘우치고 갔으니 그 둘 중에 누가 아비의 뜻대로 하였느뇨? 가로되 둘째 아들이니이다."

★(첫째 아들은 싫다고 했다가 갔고 다른 아들[혹은 둘째 아들]은

간다고 했다가 안 갔다. 첫째가 아버지의 뜻대로 했다)--
UBS Byz ℵ* C* W vg^cl ww^ (syr^p^ cop^sa-mss^) Origen
(본문)--B cop^bo^ (Diatessaron^arm^)

마 21:44, "이 돌 위에 떨어지는 자는 깨어지겠고 이 돌이 사람 위에 떨어지면 저를 가루로 만들어 흩으리라 하시니."

★(본문)--Byz ℵ B C W it^(h)^ vg syr^p c^ cop^sa meg bo^ arm geo
(한 절을 생략)--[UBS] D it^a b d e ff2^ syr^s^ Irenaeus^lat^ Origen

마 22:7, "임금이 노하여 군대를 보내어"

★"듣고 노하여"--Byz C (D) W it vg syr^p^ cop^bo-pt^ Irenaeus^lat^
"노하여"--UBS ℵ B syr^s c^ cop^sa bo-pt^

마 22:30, "하늘에 있는 천사들과 같으니라."

★"하나님의 천사들과"--Byz ℵ W vg syr^p s^ Origen^lat^
"천사들과"--UBS B D it^a b d e ff2 h^ vg^mss^ syr^c^ cop^sa meg^
Diatessaron Tertullian Origen

마 23:7, "사람에게 랍비라 칭함을 받는 것을 좋아하느니라."

★"랍비여, 랍비여 하고 칭함을"--Byz D W syr^s c^
"랍비라 칭함을"--UBS ℵ B lat syr^p^ cop

마 23:8, "너희 선생은 하나요."

★"너희 선생은 하나이니 곧 그리스도시요"--Byz syr^c^
(본문)--UBS ℵ B

마 23:14, (생략)

★"화 있을진저, 외식하는 서기관들과 바리새인들이여, 너희가 과부들의 집을 삼키며 외식으로 길게 기도하는도다. 그러므로 너희는 더 큰 심판을 받으리로다"--Byz W it^b ff2^ vg^cl^ (syr^p c^) cop^bo-mss^ Diatessaron
(생략)--UBS ℵ B D it^a d e^ vg syr^s^ cop^sa meg^ arm Origen

마 23:23, "이것도 행하고 저것도 버리지 말아야 할지니라."

★ἀφιέναι(ἀφίημι의 현재 부정사)--UBS Byz C D W it^a d e ff2^ vg arm Origen^lat^
ἀφεῖναι(오자인 듯. 그런 단어 없음)--ℵ B

마 23:25, "그 안에는 탐욕과 방탕으로 가득하게 하는도다."

★"탐욕과 불의로"--Byz C syr^{p}
"탐욕과 방탕으로"--UBS א B D it$^{a\ d\ e\ ff2\ h}$ arm geo Origen
"탐욕과 부정(不淨)으로"--vg syr^{s} Clement

마 24:6, "이런 일이 있어야 하되."

★"이 모든 일이"--Byz C W syr^{p}
"그것이"--UBS א B D it^{d} cop$^{sa\ meg\ bo}$ Cyprian
"이런 일이"--it$^{e\ ff2\ h}$ vg syr^{s} Origen^{lat}

마 24:7, "처처에 기근과 지진이 있으리니."

★"기근들과 온역들과 지진들이"--Byz C (W) it^{h} (vg) arm Origen^{lat} (Cyprian)
"기근들과 지진들이"--UBS א B D it$^{a\ b\ d\ e\ ff2}$ syr^{s} cop^{sa}

마 24:31, "저가 큰 나팔소리와 함께 천사들을 보내리니."

★"나팔소리"--Byz B cop^{sa} (Didache)
"나팔"--UBS א W it^{e} syr$^{p\ s}$ arm Origen^{lat} Cyprian
"나팔과 소리"--D it$^{a\ b\ d\ ff2\ h}$ vg

마 24:36, "그러나 그 날과 그때는 아무도 모르나니 하늘의 천사들도, 아들도 모르고."

★"하늘의 천사들도 모르고"--Byz W vg syr$^{p\ s}$ cop$^{sa\ bo}$
"하늘의 천사들도, 아들도 모르고"--UBS א B D it$^{a\ b\ d\ (e)\ ff2}$ vg^{mss} arm Diatessaron Irenaeus^{lat} Origen^{lat}

마 24:42, "어느 날에 너희 주가 임할는지."

★"어느 때에"--Byz it$^{a\ b\ h}$ vg syr$^{p\ s}$ cop$^{sa-ms\ bo-pt}$ arm Origen^{lat}
"어느 날에"--UBS א B C D W it$^{d\ ff2}$ cop$^{sa-mss\ bo-pt}$ Irenaeus^{lat}

마 25:13, "너희는 그 날과 그 시를 알지 못하느니라."

★"인자가 올 그 날과"--Byz vg^{mss}
"그 날과"--UBS p^{35} א A B C* D W it$^{b\ d\ ff2\ h}$ vg syr$^{p\ s}$ cop$^{sa\ meg}$ cop^{bo} arm Origen^{lat}

마 25:15-16, "떠났더니 . . . 바로 가서 그것으로 장사하여."

★"바로 떠났더라. . . . 가서 그것으로"--Byz A C D W it^{d} vg syr^{p}

(본문)--UBS it$^{ff2\ h}$ vg^{mss} cop$^{sa\ meg}$
(구두점이 없어 둘 다 가능함)--א* A it^{b} (arm) Origen^{lat}

마 26:28, "이것은 죄사함을 얻게 하려고 많은 사람을 위하여 흘리는 바 나의 피 곧 언약의 피니라."

★"새 언약의 피"--Byz A C D W it$^{a\ (b)\ d\ ff2\ h}$ vg syr$^{p\ s}$ cop$^{sa\ bo}$ arm Diatessaron(by UBS$^{2,\ 3}$) Irenaeus^{lat} Origen^{lat}
"언약의 피"--UBS p^{37} א B cop$^{meg\ bo\text{-}ms}$ Irenaeus^{arm} Cyprian

마 26:59, "대제사장들과 온 공회가 예수를 죽이려고."

★"장로들과 온 공회가"--Byz A C W syr^{p}
"온 공회가"--UBS א B D lat cop

마 26:60, "그를 칠 거짓증거를 찾으매."

★"찾으나 얻지 못하였고"--Byz A (D) W it syr^{p}
"온 공회가"--UBS א B C* lat (syr^{p}) cop

마 26:71, "이 사람은 나사렛 예수와 함께 있었도다."

★"이 사람도"--Byz A C W it$^{a\ b\ ff2\ h\ n}$ vg syr^{p} (cop^{bo}) arm Origen^{lat}
"이 사람은"--UBS א B D syr^{s} cop$^{sa\ meg}$

마 27:2, "결박하여 끌고 가서 총독 빌라도에게 넘겨주니라."

★"총독 본디오 빌라도에게"--Byz A C W it$^{a\ b\ d\ ff2\ h}$ vg arm Origen^{lat}
"총독 빌라도에게"--UBS א B syr$^{p\ s}$ cop$^{sa\ meg\ bo}$ Diatessaron^{arm} Origen^{gr}

마 27:24, "이 사람의 피에 대하여 나는 무죄하니."

★"이 옳은 사람의 피"--Byz א A W it^{h} vg syr^{p} cop$^{sa\text{-}mss\ meg\ bo}$ arm
"이 사람의 피"--UBS B D it$^{a\ b\ d\ ff2}$ syr^{s} (cop$^{sa\text{-}mss}$) Origen^{lat}

마 27:34, "쓸개 탄 포도주를 예수께 주어."

★"쓸개 탄 신포도주[포도 식초]"--Byz A W syr^{p} cop$^{meg\ bo\text{-}mss}$
"쓸개 탄 포도주"--UBS א B D lat syr^{s} cop$^{sa\ bo}$

마 27:42, "저가 이스라엘의 왕이로다. 지금 십자가에서 내려올지어다."

★"왕이라면"--Byz A W it$^{a\ b\ ff2\ h}$ vg syr$^{p\ s}$ cop$^{meg\ bo}$ arm geo

Origen[lat]
“왕이로다”--UBS ℵ B D it[d] cop[sa]

마 27:43, “하나님이 저를 기뻐하시면 이제 구원하실지라.”

★“그를 구원하실지라”--Byz A D W it syr cop
“구원하실지라”--UBS ℵ B vg[cl]

마 27:46, “엘리 엘리 라마 사박다니 하시니.”

★“엘리 엘리”--UBS Byz A D W lat
“엘로이 엘로이”--ℵ B vg[mss] cop

★“리마”--Byz A D W it syr cop
“레마”--UBS ℵ B lat
“라마”--vg[cl] cop[meg]

마 27:49, (생략)

★(생략)--UBS Byz A D W it[a b d ff2 h] vg syr[p s] cop[sa bo] arm Origen[lat]
“다른 이가 창을 취하여 그의 옆구리를 찌르니 물과 피가 나왔더라”--ℵ B C vg[mss] cop[meg]

마 27:56, “야고보와 요셉의 어머니 마리아와.”

★“요세”--Byz A B C vg[mss] syr[(p)] cop[sa-mss]
“요셉”--Nestle[27] ℵ[*] D[*] W lat syr[s] cop[sa-mss mae bo]

마 28:2, “주의 천사가 하늘로서 내려와 돌을 굴려 내고.”

★돌을”--Byz A C W syr[p] cop[bo]
“돌을”--UBS ℵ B lat syr[s] cop[sa]

마 28:6, “그의 누우셨던 곳을 보라.”

★“주께서”--Byz A C D W it[a b d ff2 h] vg syr[(p)] cop[bo]
“그의”--UBS ℵ B it[e] syr[s] cop[sa meg bo] arm Origen[lat]

마 28:8, “달음질할새.”

★“달음질하더라. 그런데 그들이 그의 제자들에게 말하려고 가고 있었을 때 보라”--Byz A C
(본문)--UBS ℵ B D W it[a b d e ff2 h n] vg syr[p] cop[sa meg bo] arm geo Origen

마 28:19, "그러므로 너희는 가서."

★"너희는 가서"--Byz ℵ A cop^{bo-pt} Irenaeus^{lat}
(본문)--UBS B W lat syr cop$^{sa\ meg\ bo-pt}$

마 28:20, "세상 끝날까지 너희와 항상 함께 있으리라."

★"함께 있으리라. 아멘"--Byz it$^{a\ b\ ff2}$ vg^{mss} syr^{p} cop^{bo-pt}
(본문)--UBS ℵ A B* D W it$^{d\ e\ h}$ vg cop$^{sa\ meg\ bo-pt}$ arm

마가복음

막 1:1, "하나님의 아들 예수 그리스도 복음의 시작이라."

★아들"--[UBS] Byz A B D W it$^{a\ b\ d\ ff2}$ vg syr^{p} cop$^{sa-mss\ bo}$ Irenaeus$^{lat\ 2/3}$
(생략)--ℵ* arm (Irenaeus$^{gr\ lat\ 1/3}$) Origen$^{gr\ lat}$

막 1:2, "선지자 이사야의 글에."

★A W vg^{ms} cop$^{bo-ms\ meg}$ Irenaeus$^{lat2/3}$ Origen^{gr} Origen^{lat}
"선지자 이사야"--UBS ℵ B D it$^{a\ b\ d\ ff2}$ vg syr^{p} cop$^{sa\ bo}$ arm Irenaeus$^{gr\ lat\ 1/3}$ Origen$^{3/4\ lat}$

막 1:2, "저가 네 길을 예비하리라"

★"네 앞에 예비하리라"--Byz A vg^{cl} Origen$^{gr\ lat}$
"예비하리라"--UBS ℵ B D W lat syr^{p}

막 1:4, "세례 요한이 이르러 광야에서 죄사함을 받게 하는."

★"요한이 이르러 광야에서 세례를 베풀며"--Byz A (D) W (it$^{a\ b}$ it^{d} vg syr^{p} cop^{sa}) arm
"세례 요한이 이르러 광야에서"--UBS ℵ B cop^{bo}

막 1:14, ". . . 하나님의 복음을 전파하여."

★"하나님의 나라의"--Byz A D W it$^{a\ d}$ vg syr^{p} cop^{bo-pt}
"하나님의"--UBS ℵ B it$^{b\ ff2}$ vg^{ms} syr^{s} cop$^{sa\ bo-pt}$ arm Origen.

막 1:34, "귀신들이 자기를 알므로."

★"자기를"--UBS Byz ℵ* (D) it$^{a\ b\ d\ e\ ff2}$ vg syr$^{p\ s}$ cop^{sa-ms}

"자기가 그리스도인 것을"--B W vg^{mss} cop$^{sa-ms\ bo}$ arm geo

막 1:42, "곧 문둥병이 그 사람에게서 떠나가고."

★"그가 말씀하시자 곧"--Byz A C lat

"곧"--UBS ℵ B D W it syr$^{p\ s}$ cop

막 2:16, "바리새인의 서기관들이."

★바리새인들이"--Byz A C D it$^{a\ d\ e\ ff2}$ vg syr^{p} cop$^{sa-mss\ bo-mss}$ arm

(본문)--UBS p$^{88\ vid}$ ℵ B it^{b} cop^{bo-mss}

막 2:17, "죄인을 부르러 왔노라 하시니라."

★회개시키러"--M C

"부르러"--UBS p^{88} ℵ A B

막 2:18, "요한의 제자들과 바리새인들이 금식하고 있는지라."

★[제자들이]"--Byz W it^{a} vg^{mss} cop$^{sa-mss\ bo-pt}$

"바리새인들이"--UBS p^{88} ℵ A B C D lat syr^{p} cop$^{sa-mss\ bo-pt}$

막 3:14, "이에 열 둘을 세우셨으니."

★A (D) it$^{a\ b\ d\ e\ ff2}$ vg syr$^{p\ s}$ cop^{sa-ms} arm

"세우시고 그들을 또한 사도라 부르셨으니"--[UBS] ℵ B (C*) cop$^{sa-mss\ bo}$

막 3:15, "귀신을 내어쫓는 권세도 있게 하려 하심이러라."

★고치며"--Byz A W lat (syr$^{p\ s}$)

(생략)--UBS ℵ B C

막 3:16, "이 열 둘을 세우셨으니."

★A D it$^{b\ d\ ff2}$ vg syr$^{p\ s}$ cop^{bo} arm geo

"이 열 둘을 세우셨으니"--[UBS] ℵ B C* cop^{sa-ms}

막 3:29, "영원한 죄에 처하느니라."

★① "영원한 정죄"--Byz A vg^{ms} syr^{p} cop^{bo-pt}

② "영원한 죄(ἁμαρτήματος)"--UBS ℵ B

③ "영원한 죄(ἁμαρτίας)"--C^{*vid} D W cop$^{sa-mss\ bo-pt}$

②③이 다 가능--it$^{a\ b\ d\ e\ ff2}$ vg syr^{s} arm Cyprian

막 3:31, "때에 예수의 모친과 동생들이 와서."

★"그 동생들과 그의 모친"--Byz (A) syr$^{(s)}$

"그의 모친과 그의 동생들"--UBS ℵ B C D (W) it vg^{mss} syr^{p} cop

막 3:35, "내 형제요 자매요 모친이니라."

★"내 자매요"--Byz C lat syr

"자매요"--UBS ℵ A B D W it vg^{mss}

막 4:10, "그 비유들을 묻자오니."

★"그 비유를"--Byz A (D W it) vg^{cl} syr^{p} cop$^{bo\text{-}ms}$ (Origen^{lat})

"그 비유들을"--UBS ℵ B C vgst syr^{s} cop

막 4:15, "저희에게 뿌리운 말씀을 빼앗는 것이요."

★"그들의 마음에 뿌리운"--Byz (A) D it$^{a\ (b)\ d\ ff2\ i}$ vg syr$^{(p\ s)}$ cop$^{bo\text{-}pt}$ arm

"저희에게 뿌리운"--UBS (ℵ) B (C) W (cop$^{sa\ bo\text{-}pt}$)

막 4:19, "세상의 염려와."

★세상의"--Byz A

"세상의"--UBS ℵ B C

막 4:40, "어찌하여 이렇게 무서워하느냐? 너희가 어찌 믿음이 없느냐?"

★"어찌하여 무서워하느냐? 너희가 아직도 믿음이 없느냐?"--UBS (p^{45vid}) ℵ B D it$^{a\ b\ d\ ff2\ i}$ vg cop$^{sa\ bo}$ (arm)

"어찌하여 이렇게 무서워하느냐? 너희가 어찌 믿음이 없느냐?"--Byz A C syr$^{(p)}$

막 5:1, "거라사인의 지방에 이르러."

★"가다라"--Byz A C syr^{p} Diatessaron^{syr}

"거라사"--UBS ℵ B D it$^{b\ d\ e\ ff2}$ vg cop^{sa}

"겔게사"--Lect syr^{s} cop^{bo} arm Diatessaron^{arm} Origen

막 5:12, "이에 간구하여 가로되."

★모든 귀신들이 간구하여"--Byz A (D it^{a})

"간구하여"--UBS ℵ B C

막 5:36, "예수께서 그 하는 말을 곁에서 들으시고."

★들으시고"--Byz A C (it^{a})

"잘못 들으시고"(παρακούσας)--UBS ℵ* B W it^{e}

"들으시고"--D it$^{b\ d\ ff2}$ vg cop$^{sa\ bo}$ arm

"곁에서 들으시고"(오역인 듯)--한글개역

막 5:41, "가라사대 달리다굼 하시니."

⋆쿠미"--Byz A vg

"달리다 쿰"--UBS ℵ B C cop

막 6:3, "야고보와 요셉과 유다와."

⋆"요세스"('Ἰωσῆ)--Byz A C W cop^{sa-mss} arm geo

"요세스"('Ἰωσῆτος)--UBS B D $it^{a\ d}$ $cop^{sa-mss\ bo}$

"요셉"--ℵ $it^{b\ e}$

막 6:11, "발 아래 먼지를 떨어버려 저희에게 증거를 삼으라 하시니."

⋆"내가 진실로 너희에게 이르노니 심판날에 소돔과 고모라가 저 성보다 더 견딜 만하리라 하시니"--Byz A it^{a} syr^{p} cop^{bo-pt}

(생략)--UBS ℵ B C D W lat syr^{s} $cop^{sa\ bo-pt}$

막 6:14, "헤롯 왕이 듣고 가로되."

⋆"가로되(미완료과거, '반복해 말했다')"--Byz ℵ A C it^{i} vg syr^{p} syr^{s} $cop^{sa-mss\ bo}$ arm

"들었더라. 그들이[사람들이] 가로되"--UBS B W $it^{a\ b\ d\ ff2}$ vg^{mss} cop^{ms}

막 6:20, "그의 말을 들을 때에 크게 번민을 느끼면서도 달게 들음이러라."

⋆"많은 것을 행하며"--Byz A C D $it^{a\ b\ d\ ff2\ i}$ vg $syr^{p\ s\ c}$ arm

"크게 번민을 느끼면서도"--UBS ℵ B $cop^{sa\ bo}$

막 6:22, "헤로디아의 딸이 친히 들어와 춤을 추어."

⋆자신의 딸"--Byz A C W $it^{a\ d\ ff2}$ vg

"헤로디아의 딸"--it^{b} $syr^{p\ s}$ $cop^{sa\ bo}$

"그의 딸 헤로디아"--UBS ℵ B D (arm)

막 6:33, "많은 사람이 저희인 줄 안지라."

⋆"그인 줄 안지라"--M

"안지라"--UBS B D W lat cop^{sa-mss}

"저희인 줄 안지라"--ℵ A $syr^{(p\ s)}$ $cop^{sa-mss\ bo}$

막 6:33, "달려와 저희보다 먼저 갔더라."

⋆가서 그에게 모였더라"--Byz

"먼저 갔더라"--UBS ℵ B vg (syr^{p} cop$^{sa\ bo}$)
(생략)--W syr^{s}
"그에게 모였더라"--D it^{b}

막 6:41, "떡을 떼어 제자들에게 주어."

★제자들에게"--Byz p^{45}A D W it$^{a\ b\ ff2}$ vg syr$^{p\ s}$ cop$^{sa\text{-}mss}$
"제자들에게"--UBS ℵ B it^{d} (cop$^{sa\text{-}mss\ bo}$ arm)

막 6:51, "제자들이 마음에 심히 놀라니."

★심히"--Byz A it$^{a\ d\ ff2\ i}$ vg
"심히"--UBS ℵ B (syr$^{p\ s}$)

★의아해하니"--Byz A D W it$^{(a)\ b\ d}$ vg^{mss} syr^{p} arm
"놀라니"--UBS ℵ B it$^{ff2\ i}$ vg syr^{s} cop$^{sa\ bo}$ geo

막 7:2, "부정한 손 곧 씻지 아니한 손으로 떡 먹는 것을 보았더라."

★"보고 흠을 찾았더라"--Byz W lat syr^{p} cop$^{sa\text{-}ms}$
"보았더라"--UBS ℵ A B it^{b} syr^{s} cop$^{sa\text{-}mss\ bo}$

막 7:4, "물을 뿌리지 않으면 . . . 놋그릇을 씻음이러라."

★"물을 뿌리지"(βαπτίσωνται)--UBS Byz A D W it$^{a\ b\ d\ ff2}$ vg syr^{p} syr^{s} cop^{bo} arm
"물을 뿌리지"(ῥαντίσωνται)--Nestle^{25} ℵ B cop^{sa} geo

★"놋그릇과 침상들"--UBS Byz A D W it$^{a\ b\ d\ ff2}$ vg^{mss} syr^{p} cop$^{sa\text{-}mss}$ arm Origen
"놋그릇"--p^{45vid} ℵ B cop$^{sa\text{-}ms\ bo}$

막 7:5, "부정한 손으로 떡을 먹나이까?"

★않은"--Byz A it syr
"부정한"--UBS ℵ* B (D W) lat cop

막 7:8, "너희가 하나님의 계명을 버리고 사람의 유전을 지키느니라."

★"사람의 유전, 즉 주발과 잔을 씻음과 기타 너희가 행하는 여러 일들"--Byz (A D it$^{a\ b\ d\ ff2}$) vg syr$^{(p)}$ (cop$^{bo\text{-}ms}$)
"사람의 유전"--UBS p^{45} ℵ B W cop

막 7:16, "(생략)."

★"들을 귀 있는 자는 들으라"--Byz A D W it$^{a\ b\ d\ ff2}$ vg syr$^{p\ s}$ cop$^{sa\text{-}mss}$ cop$^{bo\text{-}pt}$ arm
(생략)--UBS ℵ B 0274 cop$^{sa\text{-}mss\ bo\text{-}pt}$

막 7:19, "배에 들어가 뒤로 나감이니라 하심으로 모든 식물을 깨끗하다 하셨느니라."

★나가며 모든 식물을 깨끗케 함이니라(καθαρίζον)"--M Lect Diatessaron, KJV
"뒤로 나가느니라. [이와 같이 그는 모든 식물을 깨끗하다 하셨느니라(καθαρίζων)]"--UBS ℵ A B W syr^{p} cop$^{sa\ bo}$ Origen, NASB, NIV
둘 다 가능함--it$^{a\ b\ d\ ff2\ n}$ vg

막 7:21, "음란과 도적질과 살인과 간음과."

★"간음들, 음란들, 살인들, 도적질들"--Byz A (it) vg syr$^{(p)\ s}$
"음란들, 도적질들, 살인들, 간음들"--UBS ℵ B

막 7:24, "두로 지경으로 가서."

★"두로와 시돈 지경"--Byz ℵ A B vg syr^{p} cop$^{sa\ bo}$ arm geo
"두로 지경"--UBS D W it$^{a\ b\ d\ ff2\ i}$ syr^{s} Origen

막 7:28, "주여, 옳소이다 마는.

★"주여, 옳소이다 마는"--Byz ℵ A B it^{a} vg syr^{p} cop$^{sa\ bo}$ Diatessaron
"주여"--UBS p^{45} D W it$^{b\ d\ ff2}$ syr^{s} arm

막 7:31, "두로 지경에서 나와."

★"두로와 시돈""--Byz p^{45} A W syr$^{p\ s}$ cop$^{sa\text{-}mss}$ (arm) geo
"두로"--UBS ℵ B D it$^{a\ b\ d\ ff2\ i}$ vg cop$^{sa\text{-}mss\ bo}$ arm

막 7:35, "그의 귀가 열리고."

★"즉시"--[UBS] Byz p^{45} A W vg syr$^{p\ s}$ cop$^{sa\text{-}mss}$ arm
(생략)--ℵ B D it$^{a\ b\ d\ ff2}$ cop$^{sa\text{-}mss\ bo}$

막 8:1, "그 즈음에 또 큰 무리가 있어."

★"매우 큰 무리"--Byz A cop$^{sa\text{-}mss\ bo\text{-}mss}$
"큰 무리"--UBS ℵ B

막 8:9, "사람은 약 4천명이었더라."

⋆"먹은 사람"--Byz A C D W it vg syr cop$^{sa-mss\ bo-pt}$

"사람"--UBS ℵ B cop$^{sa-ms\ bo-pt}$

막 8:25, "만물을 밝히 보는지라."

⋆"모든 사람을"--Byz A

"만물을"--UBS ℵ B C

막 8:26, "마을에도 들어가지 말라 하시니라."

⋆". . . 말며 마을에 아무에게도 이르지 말라"--Byz A C (D it^{a}) syr^{p} cop^{bo-pt}

(본문)--UBS ℵ B syr^{s} cop$^{sa\ bo-pt}$

막 9:2, "엿새 후에."

⋆"후에"(μεθ')--Byz p^{45} A

"후에"(μετὰ)--UBS ℵ B C^{vid}

막 9:3, "심히 희어졌더라."

⋆"눈같이 심히"--Byz A

"심히"--UBS ℵ B C

막 9:16, "예수께서 물으시되."

⋆"서기관들에게 물으시되"--Byz A C

"물으시되"--UBS ℵ B

막 9:23, "할 수 있거든이 무슨 말이냐?"

⋆"네가 믿을 수 있다면"--Byz A (D it$^{b\ d\ i}$ vg syr^{p}) KJV

"네가 할 수 있다면"--UBS ℵ B C* it^{k} geo NASB

"할 수 있거든이 무슨 말이냐?"--NIV

막 9:24, "그 아이의 아비가 소리를 질러 가로되 내가 믿나이다."

⋆"눈물을 흘리며 소리를"--Byz it$^{a\ (b)\ d\ (i)}$ vg syr^{p} cop^{bo-pt}

"소리를"--UBS ℵ A* B C* (W) it^{k} syr^{s} cop$^{sa\ bo-pt}$ arm geo

⋆"주여, 내가 믿나이다"--Byz

"내가 믿나이다"--UBS ℵ A B C

막 9:29, "기도 외에 다른 것으로는 이런 유가 나갈 수 없느니라."

★"기도와 금식"--Byz p[45vid] A C D W it[a b d ff2 i] vg cop[sa bo]
"금식과 기도"--syr[p s] cop[bo-ms] arm
"기도"--UBS א* B 0274 it[k]

막 9:38, "선생님, 우리를 따르지 않는 어떤 자가."

★"우리를 따르지 않는 어떤 자"--Byz A (D W lat)
"어떤 자"--UBS א B (C) syr[p s]

막 9:44, (생략)

★"거기는 그들의 구더기도 죽지 않고 불도 꺼지지 아니하니라"--Byz A D it[a b d ff2 i] vg syr[p] Diatessaron Irenaeus[lat]
(생략)--UBS א B C W it[k] syr[s] cop[sa bo] arm

막 9:45, "지옥에 던지우는 것보다 나으니라."

★"지옥 꺼지지 않는 불"--Byz A D it[(a) d (ff2) (i)] vg Diatessaron
"지옥"--UBS א B C W it[b k] syr[p s] cop[sa bo] arm

막 9:46, (생략)

★"거기는 그들의 구더기도 죽지 않고 불도 꺼지지 아니하니라" --Byz A D it[a b d ff2 i] vg syr[p] Diatessaron Irenaeus[lat]
(생략)--UBS א B C W it[k] syr[s] cop[sa bo] arm

막 9:47, "지옥에 던지우는 것보다 나으니라."

★"불의 지옥"--Byz A C lat syr[p] cop[bo-ms]
"지옥"--UBS א B D W it syr[s] cop

막 9:49, "소금 치듯함을 받으리라."

★. . 받으며 모든 제물이 소금으로써 뿌려지리라"--Byz A C lat syr[p] cop[bo-pt]
(본문)--UBS (א) B syr[s] cop[sa bo-pt]

막 10:6, "창조 시로부터 저희를 남자와 여자로 만드셨으니."

★"하나님께서 저희를"--Byz A it[a] vg syr[p s] arm geo
"하나님께서"--D W it[b d ff2 k]
"저희를"--UBS א B C cop[sa bo fay]

막 10:7, "그 부모를 떠나서."

★"그 아내와 합하여"--[UBS] Byz (A C) D W (it[a]) it[b d ff2] vg syr[p]

cop$^{sa\ bo}$ arm
(생략)--א B syr^{s}

막 10:13, "제자들이 꾸짖거늘."

★"그 데려온 자들을 꾸짖거늘"--Byz A D W it$^{a\ b\ d\ ff2}$ vg syr$^{p\ s}$ arm geo
"그들을"--UBS א B C it^{k} cop$^{sa\text{-}mss\ bo}$

막 10:21, "그리고 와서 나를 좇으라."

★지고"--Byz A (it^{a} syr$^{p\ s}$ cop$^{sa\text{-}mss\ bo\text{-}mss}$ arm)
(생략)--UBS א B C D lat vg cop$^{sa\text{-}ms\ bo}$ Clement

막 10:24, "얘들아, 하나님의 나라에 들어가기가 어떻게 어려운지."

★의지하는 자는"--Byz A C (D it$^{a\ b\ d\ ff2}$) vg syr$^{p\ s}$ cop$^{bo\text{-}pt}$ arm geo (Diatessaron Clement)
(생략)--UBS א B it^{k} cop$^{sa\ bo\text{-}pt}$

막 10:26, "제자들이 심히 놀라 서로 말하되."

★"서로"--UBS Byz A D W it$^{(a)\ b\ d\ ff2\ (k)}$ vg (syr$^{p\ s}$) arm
"그에게"--א B C cop$^{sa\ bo}$

막 10:29, "어미나 아비나 자식이나."

★"아비나 어미나"--Byz א A
"어미나 아비나"--UBS B C

★"아내나 자식이나"--Byz A C syr^{p} cop$^{bo\text{-}ms}$
"자식이나"--UBS א B D W lat syr^{s} cop

막 11:3, "그리하면 즉시 이리로 보내리라 하시니."

★(본문)--Byz A W it$^{(a)\ b\ (ff2)\ k}$ vg syr$^{p\ s}$ cop$^{sa\ bo}$ (arm geo) Origen$^{2/4}$
"그리고 그가 즉시 그것을 이리로 돌려보내리라"--UBS א B D it^{d} Origen$^{2/4}$

막 11:10, "찬송하리로다. 오는 우리 조상 다윗의 나라여."

★"주의 이름으로 오는"--Byz A
"오는"--UBS א B C

막 11:19, "매양 저물매 저희가 성밖으로 나가더라."

★"그가"--Byz ℵ C D $it^{a\ b\ ff2\ k}$ vg syr^{s} $cop^{sa\ bo}$
"저희가"--UBS A B W it^{d} syr^{p} (arm)

막 11:24, "무엇이든지 기도하고 구하는 것은 받은 줄로 믿으라."

★"받는 줄로"--Byz A $syr^{p\ s}$ $cop^{sa-ms\ bo}$ Origen
"받은 줄로"--UBS ℵ B C W $cop^{sa-mss\ bo-mss}$
"받을 줄로"--D $it^{a\ b\ d\ ff2\ i\ k}$ vg cop^{sa-mss} Cyprian

막 11:26, (생략)

★"만일 너희가 용서하지 아니하면 하늘에 계신 너희 아버지도 너희 허물을 사하지 아니하시리라"--Byz A C D $it^{a\ b\ d\ ff2}$ vg syr^{p} cop^{bo-mss} Diatessaron Cyprian
(생략)--UBS ℵ B W vg^{ms} syr^{s} $cop^{sa\ bo-pt}$

막 12:4, "다시 다른 종을 보내니"

★"보내니 그에게 돌을 던지며"--Byz A C syr^{p}
"보내니"--UBS ℵ B D W latt cop

막 12:30, "주 너의 하나님을 사랑하라 하신 것이요."

★"것이니 이것이 첫째 계명이요"--Byz A D W it vg syr cop^{bo-ms}
"것이요"--UBS ℵ B it^{a} cop

막 12:36, "내가 네 원수를 네 발 아래 둘 때까지."

★"네 발의 발등상[발판]이 되게 하기까지"--Byz ℵ A $it^{a\ (b)\ d\ ff2}$ $it^{i\ k}$ vg syr^{p} arm
"네 발 아래 둘 때까지"--UBS B D W syr^{s} $cop^{sa\ bo}$

막 12:41, "예수께서 연보궤를 대하여 앉으사."

★"예수께서"--Byz A D W $it^{(b)\ d\ ff2}$ vg $syr^{p\ s}$ cop^{sa-mss} arm geo Origen
"그가"--UBS ℵ B $it^{a\ k}$ syr^{s} $cop^{sa-ms\ bo\ fay}$

막 13:8, "처처에 지진이 있으며 기근이 있으리니."

★"기근과 소동이"--Byz A (W) $syr^{p\ (s)}$ (cop^{sa-mss} arm geo) $Origen^{lat}$
"기근이"--UBS (ℵ) B (D) $it^{(a\ b\ d\ ff2\ i)\ k}$ (vg) syr^{s} $cop^{sa-mss\ bo\ fay}$

막 13:14, "멸망의 가증한 것이 서지 못할 곳에 선 것을 보거든."

⋆"선지자 다니엘의 말한 바"--Byz A
(위의 구절 생략)--UBS ℵ B

막 13:15, "지붕에 있는 자는 내려가지도 말고."

⋆"집안으로 내려가지도"--Byz A
"내려가지도"--UBS ℵ B

막 13:18, "이 일이 겨울에 나지 않도록 기도하라."

⋆"너희의 피함이"--Byz A (it^{k}) syr^{p} cop
"이 일이"--UBS ℵ* B W syr^{s} (cop^{bo-ms})

막 13:33, "주의하라. 깨어 있으라."

⋆"깨어 있어 기도하라"--Byz ℵ A C W $it^{ff2\ i}$ vg $syr^{p\ s}$ $cop^{(sa)\ bo-pt}$ arm (geo) $Diatessaron^{arm}$
"깨어 있으라"--UBS B D $it^{a\ d}$ cop^{fay}

막 14:14, "유월절을 먹을 나의 객실이 어디 있느뇨?"

⋆"객실"--Byz A
"나의 객실"--UBS ℵ B C

막 14:22, "가라사대 받으라. 이것이 내 몸이니라."

⋆"받아 먹으라"--Byz it^{ff2} cop^{bo-ms}
"받으라"--UBS ℵ A B C

막 14:24, "많은 사람을 위하여 흘리는 바 나의 피 곧 언약의 피니라."

⋆"새 언약의 피"--Byz A $it^{a\ b\ i}$ vg $syr^{p\ s}$ $cop^{sa-mss\ bo-pt}$ arm Diatessaron
"언약의 피"--UBS ℵ B C (D* W it^{d}) it^{k} $cop^{sa-mss\ bo-pt}$

막 14:45, "예수께 나아와 랍비여 하고 입을 맞추니."

⋆"랍비여 랍비여"--M A syr^{p}
"랍비여"--UBS ℵ B C* D lat syr^{s} cop^{bo}

막 14:68, "앞뜰로 나갈새."

⋆"마침 닭이 울더라"--[UBS] Byz A C D $it^{a\ d\ ff2\ k}$ vg syr^{p} cop^{sa-mss} arm
(생략)--ℵ B W syr^{s} $cop^{sa-mss\ bo}$

막 14:70, "너는 갈릴리 사람이니 참으로 그 당이니라."

★"갈릴리 사람이며 말씨가 그러하니"--Byz A syr^{p} cop^{bo-pt}
"갈릴리 사람이니"--UBS ℵ B C D lat (syr^{s}) $cop^{sa\ bo-pt}$

막 15:8, "무리가 나아가서 전례대로 하여주기를 구한대."

★"소리치며"--Byz A C W $syr^{p\ s}$ cop^{bo-ms} (arm)
"나아가서"--UBS ℵ* B (D $it^{a\ d}$) it^{ff2} vg $cop^{sa\ bo}$

막 15:28, (생략)

★"불법자와 함께 인정함을 받았다 한 성경이 응하였느니라"--Byz $it^{ff2\ n}$ vg syr^{p} cop^{bo-mss} ($Diatessaron^{arm}$) $Origen^{vid}$
(생략)--UBS ℵ A B C D $it^{d\ k}$ syr^{s} $cop^{sa\ bo-pt}$

막 15:34, "엘리 엘리 라마 사박다니 하시니."

★"리마"--M A
"라마"--UBS B vg
"레마"--ℵ C vg^{mss}

막 15:39, "예수를 향하여 섰던 백부장이 그렇게 운명하심을 보고."

★"외치시며 운명하심"--Byz A C (D) W $it^{(d)\ ff2\ I\ n}$ vg $syr^{p\ s}$ arm geo $Origen^{lat}$
"운명하심"--UBS ℵ B $cop^{sa\ fay}$

막 16:9-20, "예수께서 안식후 첫날 이른 아침에 살아나신 후 전에 일곱 귀신을 쫓아내어 주신 막달라 마리아에게 먼저 보이시니 . . . . 제자들이 나가 두루 전파할새 주께서 함께 역사하사 그 따르는 표적으로 말씀을 확실히 증거하시니라."

★(본문)--[UBS 한글개역] Byz A C D, 모든 대문자 사본들, it^{ff2} it^{n} vg $syr^{p\ c}$ $cop^{bo\ fay}$ arm^{mss} Papias, Justin Martyr, $Irenaeus^{lat}$, Tertullian, Diatessaron. (Edward Miller, pp. 125-127.)
(생략)--ℵ B syr^{s} cop^{sa-ms}

막 16:19, "주 예수께서 말씀을 마치신 후에."

★"주께서"--Byz A $vg^{ww\ st}$
"주 예수께서"--[UBS] it^{ff2} vg^{cl} $syr^{p\ c}$ $cop^{sa\ bo}$ arm^{mss} $Irenaeus^{lat}$

막 16:20, "그 따르는 표적으로 말씀을 확실히 증거하시니라."

★"아멘"--Byz C^{*vid} W vg^{ww} cop^{bo}

(아멘 생략)--[UBS] A vg$^{cl\ st}$ syr$^{p\ c}$ cop^{sa} arm^{mss}

누가복음

눅 1:28, “주께서 너와 함께하시도다 하니.”

⋆“여자 중에 네가 복이 있도다 하니”--Byz A C D it$^{a\ b\ d\ e\ ff2}$ vg syr^{p} cop$^{bo\text{-}mss}$ Diatessaron Tertullian

(생략)--UBS ℵ B W cop$^{sa\ bo}$ arm

눅 2:5, “그 정혼한 마리아와 함께 호적하러 올라가니.”

⋆“그 정혼한 아내 마리아와”--Byz A lat

“그 정혼한 마리아와”--UBS ℵ B C D W it cop

눅 2:14, “땅에서는 기뻐하심을 입은 사람들 중에 평화로다.”

⋆“땅 위에는 평화, 사람들 가운데는 은혜로다”--Byz cop^{bo} arm Irenaeus(밀러, p. 130), Origen$^{gr2/5}$

“땅 위에는 평화, 그리고 사람들 가운데는 은혜로다”--syr$^{(p)\ (s)}$ Origen$^{gr1/5}$

(본문)--UBS ℵ* A B* D W it^{d} vg$^{ww\ st}$ cop^{sa} Origen$^{gr2/5}$ Origen^{lat}

“땅 위에는 기뻐하심을 입은 사람들에게 평화로다”--it$^{a\ b\ e\ (ff2)}$ vg^{cl} Irenaeus^{lat} Origen^{lat}

눅 2:33, “그 부모가 그 아기에 대한 말들을 기이히 여기더라.”

⋆“요셉과 그의 어머니”--Byz A it$^{a\ b\ e\ ff2}$ vg^{mss} syr^{p} cop$^{bo\text{-}pt}$

“그의 아버지와 어머니”--UBS ℵ B D W it^{d} vg syr^{s} cop$^{sa\ bo\text{-}pt}$ (arm) Origen^{lat}

눅 2:38, “예루살렘의 구속됨을 바라는 모든 사람에게.”

⋆“예루살렘에서 구속됨을”--Byz A D it^{d}

“예루살렘의 구속됨을”--UBS ℵ B W it$^{b\ e\ ff2\ n}$ vg$^{ww\ st}$ syr$^{p\ s}$ cop^{sa} cop^{bo} arm Irenaeus^{lat} Origen^{lat}

눅 2:40, “아기가 자라며 강하여지고.”

⋆“. . . 심령으로 강하여지고.”--Byz A syr^{p} cop$^{bo\text{-}mss}$

(본문)--UBS ℵ B D lat syr^{s} cop Origen^{lat}

눅 2:43, "그 부모는 이를 알지 못하고."

⋆"요셉과 그의 모친은"--Byz A C it syr^{p} cop^{bo-pt}
"그 부모는"--UBS ℵ B D W lat syr^{s} cop$^{sa\ bo-pt}$

눅 3:32, "그 이상은 살몬이요."

⋆"살몬"--Byz A D it$^{a\ b\ (d)\ e\ ff2}$ vg syr^{p} cop^{bo} geo
"살라"--UBS p^{4} ℵ* B syr^{s} cop$^{sa\ bo-mss}$

눅 3:33, "그 이상은 아미나답이요 그 이상은 아니요."

⋆"아미나답 . . . 아람 . . . 요람"--MT Byz^{pt} it$^{b\ (e)}$ Lect^{pt}
"아미나답 . . . 아람"--TR Byz^{pt} A D it$^{a\ d\ ff2}$ vg syr^{p} ℓ^{AD}
"아미나답 . . . 아드민 . . . 아니"--UBS cop^{bo}
"아드민 . . . 아니"--B
"아담 . . . 아드민 . . . 아니"--ℵ* cop^{sa}

눅 4:4, "사람이 떡으로만 살 것이 아니라."

⋆". . . 아니요 하나님의 모든 말씀으로 살 것이니라"--Byz A (D it$^{a\ b\ d\ e\ ff2}$ vg) syr^{p} arm Origen$^{1/2}$
(생략)--UBS ℵ B W syr^{s} cop$^{sa\ bo-pt}$ Origen$^{gr1/2\ lat}$

눅 4:5, "마귀가 또 예수를 이끌고 올라가서."

⋆"높은 산으로"--Byz A (D W) it vg^{cl} syr$^{(p)}$ cop$^{sa-mss\ bo-pt}$ arm
(생략)--UBS ℵ* B cop$^{sa-mss\ bo-pt}$

눅 4:8, "예수께서 대답하여 가라사대 기록하기를 주 너의 하나님께."

⋆"사단아, 내 뒤로 물러가라. 기록하기를"--Byz A it (cop^{bo-pt})
(생략)--UBS ℵ B D W lat syr$^{p\ s}$ cop$^{sa\ bo-pt}$

눅 4:17, "책을 펴서."

⋆"펴서(ἀναπτύξας)"--Byz UBS ℵ it$^{a\ b\ d\ e\ ff2}$ vg Origen^{lat}
"열어서(ἀνοίξας)"--A B W cop$^{sa\ bo}$ arm (geo)

눅 4:18, "주의 성령이 내게 임하셨으니 이는."

⋆"마음이 상한 자들을 치료하며"--Byz A vg^{cl} syr^{p} cop^{bo-mss} Irenaeus^{lat}
(생략)--UBS ℵ B D W it$^{a\ b\ d\ ff2}$ vg$^{ww\ st}$ syr^{s} cop$^{sa\ bo}$ arm^{mss} Origen$^{gr\ lat}$

눅 4:41, "당신은 하나님의 아들이니이다."

⋆"그리스도 하나님의 아들"--Byz A syr^{p} cop^{bo-pt}
"하나님의 아들"--UBS ℵ B C D W lat syr^{s} cop^{bo-pt}

눅 4:44, "갈릴리 여러 회당에서 전도하시더라."

⋆"갈릴리"--Byz A D ℓ^{AD} it$^{a\ b\ d\ e\ ff2}$ vg syr^{p} cop^{bo-pt} arm
"유대"--바른성경 UBS p^{75} ℵ B C Lect syr^{s} cop$^{sa\ bo-pt}$

눅 5:17, "병을 고치는 주의 능력이 예수와 함께하더라."

⋆"그들의 병을 고치는 주의 능력"(εἰς τὸ ἰᾶσθαι αὐτούς)--Byz A C D it$^{a\ b\ d\ e\ ff2}$ vg syr^{p} cop^{bo} arm geo
"그의 병을 고치는 주의 능력"(εἰς τὸ ἰᾶσθαι αὐτόν)--UBS ℵ B W syr^{s} cop^{sa}

눅 5:33, "저희가 예수께 말하되 요한의 제자는."

⋆"왜 요한의 제자"--Byz ℵ* A C D it$^{a\ b\ d\ e\ ff2}$ vg syr^{p} cop^{bo-pt} arm
"요한의 제자"--UBS p^{4} B W cop$^{sa\ bo-pt}$

눅 5:38, "새 포도주는 새 부대에 넣어야 할 것이니라."

⋆". . . 하며 둘 다 보존되리라"--Byz A C (D it$^{a\ b\ d\ e\ ff2}$) vg (syr^{p} cop^{bo-mss}) arm
(생략)--UBS p$^{4\ 75vid}$ (ℵ) B (W)

눅 5:39, "묵은 포도주를 마시고 새 것을 원하는 자가 없나니 . . . 이는 묵은 것이 좋다 함이니라."

⋆"즉시 새 것을"--Byz A latt syr^{p}
"새 것을"--UBS p^{4} ℵ B C* W cop

⋆"더 좋다"--Byz A C latt arm
"좋다"--UBS p^{4} ℵ B W syr^{p}

눅 6:1, "안식일에 예수께서 밀밭 사이로 지나가실쌔."

⋆"두 번째 첫 안식일"--Byz A C D it$^{a\ d\ ff2}$ vg arm
"안식일"--UBS p^{4} ℵ B W it^{b} syr^{p} cop$^{sa\ bo-pt}$

눅 6:17, "그 제자의 허다한 무리와 또 예수의 말씀도 듣고."

⋆"무리"--Byz A
"허다한 무리"--UBS p^{75} ℵ B

눅 6:35, "아무것도 바라지 말고 빌리라."

⋆(본문)--Byz UBS. 아래의 사본과 역본 외의 모든 것들
"아무 사람도 바라지 말고"--ℵ W syr$^{p\ s}$

눅 6:48, "잘 지은 연고로 능히 요동케 못하였거니와."

⋆"그것이 반석 위에 세워진 까닭으로"--Byz A C D it$^{a\ b\ d\ e\ ff2}$ vg syr^{p} cop^{bo-mss} arm Diatessaron Origen
(본문)--UBS p^{75vid} ℵ B W cop$^{sa\ bo-pt}$

눅 7:7, "말씀만 하사 내 하인을 낫게 하소서."

⋆"말씀만 하소서. 그리하면 내 하인이 낫겠나이다"--Byz ℵ A C D W it$^{a\ b\ d\ e\ ff2}$ vg syr$^{p\ s}$ cop^{bo} arm Diatessaron^{arm}
(본문)--UBS p^{75vid} B cop$^{sa\ bo-mss}$

눅 7:10, "집으로 돌아가 보매 종이 이미 건강하여졌더라."

⋆"종"--Byz A C (D it^{a}) vg syr^{p} arm Diatessaron
"종"--UBS p^{75} ℵ B W it$^{a\ b\ e\ ff2}$ syr^{s} cop$^{sa\ bo}$

눅 7:11, "나인이란 성으로 가실새 제자와 허다한 무리가 동행하더니."

⋆"그의 많은 제자"--Byz A C it^{b}
"그의 제자"--UBS p^{75} ℵ B D W it$^{a\ d\ e\ ff2}$ vg syr$^{p\ s}$ cop$^{sa\ bo}$

눅 7:19, "요한이 그 제자 중 둘을 불러 주께 보내어 가로되."

⋆"예수께"--Byz ℵ A W it^{b} vg^{cl} syr$^{p\ s}$ cop^{bo-ms} geo
"주께"--UBS B it$^{a\ ff2}$ vg$^{ww\ st}$ cop$^{sa\ bo-mss}$ arm

눅 7:28, "여자가 낳은 자 중에 요한보다 큰 이가 없도다."

⋆"세례 요한보다"--Byz A (D) it$^{a\ b\ (d)\ e\ ff2}$ vg syr^{p} cop$^{sa-ms\ bo-pt}$ Origen$^{gr-2/3\ lat}$
"요한보다"--UBS p^{75} ℵ B W syr^{s} cop$^{sa-mss\ bo-pt}$ arm Diatessaron Origen$^{1/3}$

⋆"큰 선지자"--Byz A (D) vg syr$^{p\ s}$ arm
"큰 이"--UBS p^{75} ℵ B W it$^{a\ b\ e\ ff2}$ cop$^{sa-mss\ bo-pt}$ Diatessaron Origen$^{1/3}$

눅 8:26, "갈릴리 맞은편 거라사인의 땅에 이르러."

★"가다라"--Byz A W syr$^{p\ s\ c}$ Diatessaron^{syr}
"거라사"--UBS p^{75} B D it$^{a\ b\ d\ e\ ff2}$ vg cop$^{sa\ bo\text{-}ms}$
"겔게사"--ℵ cop^{bo} arm Diatessaron^{arm} Origen

눅 8:27, "귀신들린 자 하나가 . . . 오래 옷을 입지 아니하며."

★"오래 귀신들린 자 . . . 옷을 입지"--Byz A (D) W (it^{e}) lat syr
"귀신들린 자 . . . 오래 옷을 입지"--UBS p^{75vid} ℵ* B

눅 8:30, "가로되 군대로 하니."

★"군대(Λεγεών)"--Byz p^{75} A C W cop$^{sa\ bo\text{-}ms}$
"군대(Λεγιών)"--UBS ℵ* B* D* cop^{bo}

눅 8:37, "거라사인의 땅 근방 모든 백성이 크게 두려워하여."

★"가다라"--Byz A W syr$^{p\ s\ c}$ Diatessaron^{syr}
"거라사"--UBS p^{75} B C* D it$^{a\ b\ d\ ff2}$ vg cop^{sa}
"겔게사네"--ℵ* cop^{bo} arm Diatessaron^{arm} Origen

눅 8:43, "아무에게도 고침을 받지 못하던 여자가."

★"의원들에게 그 가산을 다 허비하였으되 아무에게도"--[UBS] Byz ℵ A C W it$^{a\ b\ ff2}$ vg syr$^{p\ (c)}$ cop^{bo} Origen^{lat}
"아무에게도"--p^{75} B (D it^{d}) syr$^{(s)}$ cop^{sa} Origen

눅 8:45, "베드로가 가로되 주여 무리가 옹위하여 미나이다."

★"베드로와 및 함께 있는 자들이"--Byz (ℵ A C* D W) it$^{a\ b\ d\ ff2}$ vg syr^{p} cop^{bo} arm Lect^{pt} (Lect$^{pt\ AD}$)
"베드로가"--UBS p^{75} B syr$^{s\ c}$ cop^{sa} geo Diatessaron Origen^{vid}

★"누가 나를 밀었다 하시나이까?"--Byz A (C* D it$^{a\ b\ d\ ff2}$ vg) syr$^{p\ (s)\ (c)}$ cop$^{bo\text{-}ms}$ (geo Diatessaron$^{syr\ arm}$)
(생략)--UBS p^{75} ℵ B cop$^{sa\ bo}$ arm Origen^{lat}

눅 8:48, "딸아, 네 믿음이 너를 구원하였으니."

★"딸아, 안심하라"--Byz A C W syr^{p}
"딸아"--UBS p^{75} ℵ B D lat syr$^{s\ c}$ cop

눅 9:7, "헤롯이 이 모든 일을 듣고."

★"헤롯이 그에 의해 이루어진 모든 일을 듣고"--Byz A W lat syr^{p}
(본문)--UBS p^{75} ℵ B C* D it syr$^{s\ c}$ cop

눅 9:10, "벳새다라는 고을로 떠나가셨으나."

★"벳새다라는 성에 속한 한 한적한 곳으로"--Byz A C W (it$^{a\ b\ e}$ it^{ff2} vg) syr$^{(p)}$ (cop$^{bo\text{-}mss}$) (arm)

(본문)--UBS p^{75} B (syr^{s}) cop

눅 9:35, "이는 나의 아들 곧 택함을 받은 자니."

★"나의 사랑하는 아들이니"--Byz A C* W it$^{b\ e}$ vg syr$^{p\ c}$ Clement Tertullian Diatessaron

"나의 택함을 받은 아들이니"--UBS p$^{45\ 75}$ ℵ B it$^{a\ ff2}$ syr^{s} cop$^{sa\ bo}$ arm

눅 9:50, "너희를 반대하지 않는 자는 너희를 위하는 자니라."

★"우리를 반대하지"--Byz(M)

"너희를 반대하지"--UBS p$^{45\ 75}$ ℵ A B D it vg syr cop

★"우리를 위하는"--Byz ℵ* A

"너희를 위하는"--UBS B C D it vg syr cop

눅 9:54, "주여, 우리가 불을 명하여 하늘로 좇아 내려."

★"엘리야도 했듯이 우리가"--Byz A C D W it$^{a\ b\ d}$ syr^{p}

"우리가"--UBS p$^{45\ 75}$ ℵ B it^{e} vg syr$^{s\ c}$ cop$^{sa\ bo}$

눅 9:55-56, "예수께서 돌아보시며 꾸짖으시고."

★"가라사대 너희는 무슨 정신으로 말하는지 모르는구나. 인자는 사람의 생명을 멸하러 온 것이 아니요 구하러 왔노라 하시고"--TR Byz^{pt} (D) it$^{a\ b\ (d)\ e}$ vg$^{cl\ ww}$ syr$^{p\ c}$ cop$^{sa\text{-}pt\ bo\text{-}pt}$

(생략)--UBS Byz^{pt} p$^{45\ 75}$ ℵ A B C W syr^{s} cop$^{sa\text{-}pt\ bo\text{-}pt}$

눅 9:57, "어디로 가시든지 저는 좇으리이다."

★"주여"--Byz A C W syr^{p}

(생략)--UBS p$^{45\ 75}$ ℵ B D lat syr^{s} cop

눅 9:59, "나로 먼저 가서 내 부친을 장사하게 허락하옵소서."

★"주여"--[UBS] Byz p$^{45\ 75}$ ℵ A C W it$^{a\ b\ e}$ vg syr$^{p\ c}$ cop$^{sa\ bo}$ arm

(생략)--B* D it^{d} syr^{s}

눅 10:1, "주께서 달리 70인을 세우사."

⋆"70인"--Byz ℵ A C W syr^{p} cop^{bo} Irenaeus Clement Origen Tertullian

"72인"--[UBS] p^{75} B D it$^{a\ b\ d\ e}$ vg syr$^{s\ c}$ cop$^{sa\ bo\text{-}ms}$ arm Diatessaron

눅 10:17, "70인이 기뻐 돌아와 가로되."

⋆"70인"--Byz ℵ A C W syr$^{p\ c}$ cop^{bo} Irenaeus Clement Origen

"72인"--[UBS] p$^{45vid\ 75}$ B it$^{a\ b\ d\ e}$ vg cop$^{sa\ bo\text{-}ms}$ arm Diatessaron

눅 10:19, "내가 너희에게 뱀과 전갈을 밟으며 원수의 모든 능력을 제어할 권세를 주었으니."

⋆"권세를 주노니"--Byz p^{45} A D syr

"권세를 주었으니"--UBS p^{75} ℵ B C* W lat

눅 10:42, "그러나 몇 가지만 하든지 혹 한 가지만이라도 족하니라."

⋆"한 가지가 필요하다"--UBS Byz (p^{45} p^{75}) A (C* W vg syr$^{p\ c}$ cop^{sa})

"몇 가지만 하든지 혹 한 가지만이라도 족하니라"--ℵ B cop^{bo} (Origen)

눅 11:2, "아버지여, 이름이 거룩히 여김을 받으시오며."

⋆"하늘에 계신 우리"--Byz A C D W it$^{(a)\ b\ d\ e\ (ff2)}$ vg^{mss} syr$^{p\ c}$ cop$^{sa\ bo}$

(생략)--UBS p^{75} ℵ B vg syr^{s} Origen

눅 11:3, "우리에게 날마다 일용할 양식을 주옵시고."

⋆"주의 뜻이 하늘에서 이룬 것같이 땅에서도 이루어지이다"--Byz ℵ A C D W it$^{b\ d\ e\ ff2}$ vg^{mss} syr^{p} cop^{bo}

(생략)--UBS p^{75} B vg syr$^{s\ c}$ Diatessaron^{syr}

눅 11:4, "우리를 시험에 들게 하지 마옵소서."

⋆"다만 악에서 구하옵소서"--Byz A C D W it$^{b\ d\ ff2\ i}$ vg^{mss} syr^{p} syr^{c} cop$^{bo\text{-}ms}$ Diatessaron^{syr}

(생략)--UBS p^{75} ℵ* B vg syr^{s} cop$^{sa\ bo}$ arm

눅 11:11, "너희 중에 아비된 자 누가."

⋆"떡을 달라 하면 돌을 주며"--Byz ℵ A (C D) it$^{b\ (d)}$ vg syr$^{p\ c}$

(cop^{bo})
(생략)--UBS p$^{45\ (75)}$ B it^{ff2} syr^{s} cop^{sa} arm Origen

눅 11:34, "네 눈이 성하면 온 몸이 밝을 것이요."

★네 눈이"--Byz A C syr
"네 눈이"--UBS p$^{45\ 75}$ ℵ B (D) W

눅 11:42, "그러나 이것도 행하고 저것도 버리지 아니하여야 할지니라."

★행하고"--Byz ℵ* A W syr^{s} cop$^{bo\text{-}mss}$
"그러나 이것도 행하고"--UBS p^{75} B* lat syr$^{p\ (c)}$

눅 11:44, "화 있을진저, 너희여, 너희는 평토장한 무덤 같아서."

★서기관들과 바리새인들, 위선자들이여"--Byz A (D) W it syr^{p} cop$^{bo\text{-}pt}$
(생략)--UBS p$^{45\ 75}$ ℵ B C lat syr$^{c\ s}$ cop$^{sa\ bo\text{-}pt}$

눅 11:53, "거기서 나오실 때에 서기관과 바리새인들이."

★"그들에게 이것들을 말씀하실 때에"--Byz A (D) W latt syr cop^{bo}
"거기서 나오실 때에"--UBS p^{75} ℵ B C cop

눅 11:54, "그 입에서 나오는 것을 잡고자 하여 목을 지키더라."

★"그를 비난하기 위해"--Byz A C (D) W vg syr$^{(p)}$
(생략)--UBS p$^{45\ 75}$ ℵ B cop

눅 12:14, "누가 나를 너희의 재판장이나 물건 나누는 자로 세웠느냐?"

★"재판장(δικαστής)"--Byz A W
"재판장(κριτής)"--UBS p^{75} ℵ B cop$^{sa\text{-}mss}$ arm geo
둘 다 가능함--it$^{b\ e\ ff2\ I}$ vg syr^{p} cop^{bo}

눅 12:15, "삼가 모든 탐심을 물리치라."

★"탐심"--M
"모든 탐심"--UBS p^{75} ℵ A B

눅 12:23, "목숨이 음식보다 중하고 몸이 의복보다 중하니라."

★(본문)--Byz p^{45} A Q W lat cop$^{sa\text{-}ms\ bo\text{-}ms}$
"이는 . . ."--UBS p^{75} ℵ B D it$^{b\ e}$ syr$^{p\ s\ c}$ Clement

눅 12:31, "오직 너희는 그의 나라를 구하라."

⋆"하나님의 나라"--Byz p^{45} A W $it^{b\ d\ e\ ff2\ i}$ $vg^{ww\ st}$ $syr^{p\ s\ c}$ arm Diatessaron^{syr} Tertullian
"그의 나라"--UBS ℵ B D* it^{a} $cop^{sa\ bo}$
"그 나라"--p^{75}

눅 13:2, "대답하여 가라사대."

⋆"예수께서 대답하여"--Byz A D W it syr $cop^{sa\text{-}ms\ bo\text{-}pt}$
"대답하여"--UBS p^{75} ℵ B lat $cop^{sa\text{-}mss\ bo\text{-}pt}$

눅 13:9, "이후에 만일 실과가 열면 이어니와 . . . 찍어버리소서."

⋆"만일 실과가 . . . 이후에 찍어버리소서"--Byz p^{45vid} A D W it^{a} $it^{b\ d\ e\ ff2\ I}$ vg $syr^{p\ s\ c}$ arm geo
(본문)--UBS p^{75} ℵ B $cop^{sa\ bo}$

눅 13:18, "그러므로 가라사대 하나님의 나라가 무엇과 같을꼬."

⋆"또(δὲ)"--Byz A KJV, NIV
"그러므로(οὖν)"--UBS $p^{45\ 75}$ ℵ B NASB

눅 13:25, "문을 두드리며 주여 열어 주소서 하면."

⋆"주여, 주여"--Byz A D W it $syr^{p\ c}$ $cop^{bo\text{-}pt}$
"주여"--UBS p^{75} ℵ B lat syr^{s} $cop^{sa\ bo\text{-}pt}$

눅 13:31, "곧 그 시에 어떤 바리새인들이 나아와서."

⋆"같은 날에"--Byz W lat $syr^{(s\ c)}$ $cop^{sa\text{-}ms\ bo}$
"곧 그 시에"--UBS p^{75} ℵ A B* D $cop^{sa\text{-}mss}$

눅 14:5, "너희 중에 누가 그 아들이나 소나 우물에 빠졌으면."

⋆"아들이나 소"--UBS Byz p^{45} p^{75} A B it^{e} syr^{p} cop^{sa}
"나귀나 소"--ℵ vg $it^{a\ b\ ff2\ i}$ $syr^{(s)}$ $cop^{bo\ fay}$ arm

눅 15:21, "아버지의 아들이라 일컬음을 감당치 못하겠나이다."

⋆(생략)--UBS Byz p^{75} A W $it^{a\ b\ e\ ff2\ i}$ vg $syr^{p\ s\ c}$ $cop^{sa\ bo}$ arm Diatessaron
"나를 품군의 하나로 보소서"--ℵ B D it^{d} vg^{mss} (눅 15:19)

눅 16:21, "부자의 상에서 떨어지는 것으로 배불리려 하매."

⋆"떨어지는 부스러기들로"--Byz A (D) W $it^{a\ d}$ vg syr^{p} $cop^{sa\text{-}ms}$ $cop^{bo\text{-}pt}$ arm Origen

"떨어지는 것으로"--UBS p^{75} א* B $it^{b\ e\ ff2}$ $syr^{s\ c}$ $cop^{sa-mss\ bo-pt}$ Clement

눅 17:3, "만일 네 형제가 죄를 범하거든 경계하고."

★"네게 죄를 범하거든"--Byz (D) $it^{d\ e}$ vg^{cl} cop^{bo-mss}

"죄를 범하거든"--UBS א A B W $it^{a\ b\ ff2\ i}$ $vg^{ww\ st}$ $syr^{p\ s\ c}$ cop^{sa} cop^{bo} arm Clement

눅 17:9, "명한 대로 하였다고 종에게 사례하겠느냐?"

★"나는 그렇게 생각하지 않노라"--Byz A D W $it^{b\ d\ ff2}$ vg syr^{p}

(생략)--UBS p^{75} א B it^{a} $syr^{s\ c}$ $cop^{sa\ bo}$ arm Cyprian

눅 17:23, "보라 저기 있다 보라 여기 있다 하리라."

★"여기 있다 혹은 저기 있다"--Byz A $it^{a\ d}$ vg^{mss} (D W $it^{b\ e\ ff2\ i}$ vg syr^{p})

(본문 순서)--UBS p^{75} (א) B $syr^{s\ c}$

눅 17:24, "인자도 자기 날에 그러하리라."

★"자기 날에"--[UBS^{4}] Byz א A vg $syr^{p\ (s\ c)}$ cop^{bo} arm geo

(생략)--p^{75} B (D) it^{a} ($it^{b\ d\ e\ i}$ cop^{sa})

눅 17:33, "무릇 자기 목숨을 보존하고자 하는 자는 잃을 것이요."

★"구원하고자"--Byz א A W $it^{a\ (b)\ e\ ff2\ (i)}$ vg (cop^{bo}) arm (geo)

"보존하고자"--UBS p^{75} B

눅 17:36, (생략)

★(생략)--UBS Byz p^{75} א A B W vg^{ms} $cop^{sa\ bo}$ geo

"두 사람이 밭에 있으매 하나는 데려감을 당하고 하나는 버려둠 을 당할 것이요"--D $it^{a\ b\ d\ (e)\ ff2}$ vg $syr^{p\ s\ c}$ (arm) Stephan[4] Beza KJV

눅 18:7, "밤낮 부르짖는 택하신 자들의 원한을 풀어 주지 아니하시겠느냐? 저희에게 오래 참으시겠느냐?"

★"비록 오래 참으실지라도 풀어 주지 아니하시겠느냐?"--Byz W it

(본문)--UBS א A B D

눅 18:24, "예수께서 저를 보시고 가라사대."

★"예수께서 저가 심히 근심하는 것을 보시고"--[UBS] Byz A D W it$^{a\ d\ ff2\ i}$ vg syr$^{p\ s\ c}$ (arm) Diatessaron$^{syr\ arm}$

"예수께서 저를 보시고"--א B cop

눅 19:45, "성전에 들어가사 장사하는 자들을 내어 쫓으시며."

★"그 안에서 파는 자들과 사는 자들을"--Byz A (C) W vg syr^{p} syr$^{s\ c}$

"장사하는 자들을"--UBS א B cop

눅 20:23, "예수께서 그 간계를 아시고 가라사대."

★"왜 나를 시험하느냐?"--Byz A C D W lat syr

(생략)--UBS א B cop

눅 21:4, "저들은 그 풍족한 중에서 헌금을 넣었거니와."

★"하나님의 헌금을"--Byz A D W it$^{a\ d\ e\ ff2\ i}$ vg syr^{p} arm Origen Cyprian

"헌금을"--UBS א B syr$^{s\ c}$ (cop$^{sa\ bo}$)

눅 21:9, "이 일이 먼저 있어야 하되."

★"그러므로 이 일이"--Byz A W lat syr$^{(p)}$

"이 일이"--UBS א B D it syr$^{s\ c}$

눅 21:19, "너희의 인내로 너희 영혼을 얻으리라."

★"얻으라"--UBS Byz א D W it$^{d\ i}$ Origen

"얻으리라"--A B it$^{a\ e\ ff2}$ vg cop$^{sa\ bo-pt}$ arm

눅 21:35, "이 날은 온 지구상에 거하는 모든 사람에게 임하리라."

★"덫같이"--Byz A C W vg syr$^{p\ s\ c}$ arm (Irenaeus^{lat})

(앞절에 연결)--UBS א* B D it$^{a\ b\ d\ e\ ff2}$ cop$^{sa\ bo}$

눅 22:14, "때가 이르매 예수께서 사도들과 함께 앉으사."

★"열두 사도들"--Byz A C W lat syr^{p} cop^{bo}

"사도들"--UBS p^{75} א* B D it

1. 눅 22:43-44, "사자가 하늘로부터 예수께 나타나 힘을 돕더라. 예수께서 힘쓰고 애써 더욱 간절히 기도하시니 땀이 땅에 떨어지는 핏방울같이 되더라."

★(본문)--[UBS] Byz א* D it$^{a\ b\ d\ e\ ff2}$ vg syr$^{p\ c}$ cop^{bo-pt}

Diatessaron^{arm} Justin Irenaeus^{gr}
(생략)--p^{75} A B W syr^{s} cop$^{sa\ bo\text{-}pt}$ arm

눅 22:62, "밖에 나가서 심히 통곡하니라."

★"베드로는 밖에 나가서"--Byz A W vg syr$^{(p)}$ cop$^{bo\text{-}mss}$
"밖에 나가서"--UBS p^{75} ℵ B D T it^{d} syr$^{s\ c}$ cop$^{sa\ bo}$ arm geo

눅 22:64, "그의 눈을 가리우고 물어 가로되 선지자 노릇 하라."

★"얼굴을 때리고"--Byz A* (D) W lat
(생략)--UBS p^{75} (ℵ) B cop^{bo}

눅 22:68, "내가 물어도 너희가 대답지 아니할 것이니라."

★"것이요 놓아주지 않을 것이니라"--Byz A D W it$^{(a)\ b\ d\ (e)\ ff2}$ vg syr$^{p\ s\ c}$ arm
(생략)--UBS p^{75} ℵ B cop^{bo}

눅 23:15, "헤롯이 또한 그렇게 하여 저를 우리에게 도로 보내었도다."

★"헤롯도 그러하였으니, 이는 내가 너희를 그에게 올려보냈음이라"--Byz A D W it$^{a\ b\ d\ e\ ff2}$ vg
"헤롯도 그러하였으니, 이는 내가 그를 그에게 올려보냈음이라" --syr$^{p\ s\ c}$ arm
"헤롯도 그러하였으니, 이는 그가 그를 우리에게 올려보냈음이라" --UBS p^{75} ℵ B vg^{mss} cop$^{sa\ bo}$

눅 23:17, (생략)

★"명절을 당하면 반드시 한 사람을 놓아주더라"--Byz ℵ W it$^{b\ e}$ it^{ff2} vg syr^{p} arm
(19절 후에)--D it^{d} syr$^{s\ c}$
(생략)--UBS p^{75} A B it^{a} vg^{ms} cop$^{sa\ bo\text{-}pt}$

눅 23:23, "저희의 소리가 이긴지라."

★"저희와 대제사장들의"--Byz A D W it^{d} syr$^{p\ (s)\ (c)}$ cop$^{bo\text{-}ms}$ arm
"저희의"--UBS p^{75} ℵ B it$^{a\ b\ e\ ff2}$ vg cop$^{sa\ bo}$

눅 23:34, "예수께서 가라사대 아버지여, 저희를 사하여 주옵소서. 자기의 하는 것을 알지 못함이니이다 하시더라."

★(본문)--[UBS] Byz ℵ* A C it$^{b\ e\ ff2}$ vg syr$^{p\ c}$ cop$^{bo\text{-}pt}$ arm

Diatessaron Irenaeus^{lat} Origen^{lat}
(한 절 전체 생략)--p^{75} B D^{*} W it$^{a\ d}$ cop$^{sa\ bo\text{-}pt}$

눅 23:38, "그의 위에 이는 유대인의 왕이라 쓴 패가 있더라."

★"헬라어와 라틴어와 히브리어 글자들로"--Byz ℵ* A W it$^{b\ d\ e\ ff2}$ vg syr^{p}
(생략)--UBS 한글개역 p^{75} B cop$^{sa\text{-}mss\ bo\text{-}pt}$

눅 23:42, "가로되 예수여, 당신의 나라에 임하실 때에 나를."

★"예수께 가로되 주여"--Byz A W lat syr (cop$^{sa\text{-}mss\ bo\text{-}pt}$)
"가로되 예수여"--UBS p^{75} ℵ B C^{*} cop$^{sa\text{-}mss\ bo\text{-}pt}$

눅 24:1, "안식 후 첫날 새벽에 이 여자들이."

★"이 여자들이 어떤 다른 사람들과 함께"--Byz A W (syr cop$^{bo\text{-}pt}$)
"이 여자들이"--UBS p^{75} ℵ B C^{*} lat cop$^{bo\text{-}pt}$

눅 24:17, "너희가 길 가면서 서로 주고 받고 하는 이야기가 무엇이냐?"

★"서로 주고 받고 슬퍼하는 이야기가 무엇이냐?"--Byz W it$^{a\ b\ ff2}$ vg syr$^{p\ (s)\ (c)}$ arm
(본문)--UBS p^{75} ℵ A^{*} B it^{e} cop$^{sa\ bo}$

눅 24:19, "말과 일에 능하신 선지자여늘."

★"행위와 말에"--UBS Byz 아래의 것들 외에 대부분 사본과 역본
"말과 일에"--ℵ D syr^{p}

눅 24:40, "이 말씀을 하시고 손과 발을 보이시나."

★(본문)--UBS Byz p^{75} ℵ A B W vg syr^{p} cop$^{sa\ bo}$
(40절 생략)--D it$^{a\ b\ d\ e\ ff2}$ syr$^{s\ c}$

눅 24:42, "이에 구운 생선 한 토막을 드리매."

★"구운 생선 한 토막과 벌집"--Byz (it$^{a\ b\ ff2}$) vg^{mss} syr$^{p\ c}$ cop$^{bo\text{-}pt}$ arm Justin Diatessaron
(본문)--UBS p^{75} ℵ A B D W it$^{d\ e}$ syr^{s} cop$^{sa\ bo\text{-}pt}$ Clement

눅 24:47, "죄사함을 얻게 하는 회개가 예루살렘으로부터 시작하여."

★"회개와 죄사함"--Byz A C D W it$^{a\ b\ d\ e\ ff2}$ vg syr^{s} arm Cyprian
"죄사함을 얻게 하는 회개"--UBS p^{75} ℵ B syr^{p} cop$^{sa\ bo}$

눅 24:49, "위로부터 능력을 입히울 때까지 이 성에 유하라."

★"예루살렘에"--Byz A syr^{p} cop^{bo-mss}
"이 성에"--UBS p^{75} ℵ B C^{*} D lat syr^{s} $cop^{sa\ bo-mss}$

눅 24:51, "축복하실 때에 저희를 떠나 하늘로 올리우시니."

★"하늘로 올리우시니"--UBS [한글개역] Byz p^{75} A B C W vg syr^{p} $cop^{sa\ bo}$ arm
(생략)--ℵ* D $it^{a\ b\ d\ e\ ff2}$ syr^{s}

눅 24:52, "저희가 그에게 경배하고."

★"그에게 경배하고"--UBS [한글개역] Byz p^{75} ℵ A B C W vg^{mss} syr^{p} $cop^{sa\ bo}$ arm
(생략)--D $it^{a\ b\ d\ e\ ff2}$ syr^{s}

눅 24:53, "늘 성전에 있어 하나님을 찬송하니라."

★"찬송하며 찬양하니라"--Byz A W vg syr^{p} arm
"찬송하니라"--UBS p^{75} ℵ B C^{*} syr^{s} $cop^{sa\ bo}$

눅 24:53, "늘 성전에 있어 하나님을 찬송하니라."

★"아멘"--Byz A B vg syr^{p} cop^{bo-mss}
(생략)--UBS p^{75} ℵ C^{*} D W $it^{a\ b\ d\ e\ ff2}$ vg^{mss} syr^{s} $cop^{sa\ bo}$ arm

요한복음

요 1:13, "이는 혈통으로나 육정으로나 사람의 뜻으로 나지 아니하고."

★"사람의 뜻으로"--Byz UBS $p^{66\ 75}$ A C $it^{a\ b\ e\ ff2}$ vg syr^{p} cop^{sa} cop^{bo} arm $Irenaeus^{lat}$ Origen Tertullian
(생략)--B^{*}

요 1:18, "아버지 품속에 있는 독생하신 하나님이 나타내셨느니라."

★"독생하신 아들"--Byz A $it^{a\ b\ e\ ff2}$ vg syr^{c} arm $Irenaeus^{lat\ 1/3}$ $Clement^{1/3}$ $Origen^{lat\ 1/2}$ Tertullian
"독생하신 하나님"--UBS $p^{66\ 75}$ ℵ* B C^{*} syr^{p} cop^{bo} $Clement^{2/3}$ $Origen^{gr}$

요 1:27, "곧 내 뒤에 오시는 그 이라."

★"그는 바로 내 뒤에 오시는 자시요 나보다 앞선 자시니"--Byz A

lat syr$^{(p)}$ cop^{bo-mss}
(본문)--UBS p$^{5\ 66\ 75}$ ℵ B C syr$^{s\ c}$ cop

요 1:28, "요단강 건너편 베다니에서 된 일."

⋆"베다니"--UBS Byz^{pt} M p$^{66\ 75}$ ℵ* A B C* T^{vid} it$^{(a\ b\ e)\ ff2}$ vg syr^{p} cop^{bp} Origen
"베다바라"--Byz^{pt} TR syr$^{(s\ c)}$ cop^{sa-mss} arm geo ℓ^{AD} Origen

요 1:39, "와 보라. 그러므로 저희가 가서 계신 데를 보고."

⋆"와 보라"--Byz ℵ A latt Origen^{pt}
"오라. 그러면 너희가 보리라"--UBS p$^{5vid\ 66\ 75}$ B C* Origen^{pt}

⋆"저희가 가서"--Byz lat
"그러므로 저희가 가서"--UBS p$^{66\ 75}$ ℵ A B C

요 1:42, "가라사대 네가 요한의 아들 시몬이니 장차 게바라 하리라."

⋆"요나"--Byz A vg^{cl} syr$^{p\ s}$ cop^{bo-ms} arm
"요한"--UBS p$^{66\ 75\ 106}$ ℵ (B*) it$^{a\ b\ ff2}$ vg^{mss} cop$^{sa\ bo}$

요 1:51, "하늘이 열리고 하나님의 사자들이 인자 위에 오르락."

⋆"이제부터 하늘이 열리고"--Byz A it^{e} syr
"하늘이 열리고"--UBS p$^{66\ 75}$ ℵ B* lat

요 2:24, "예수는 그 몸을 저희에게 의탁지 아니하셨으니."

⋆"자신을"(ἑαυτὸν)--Byz p^{66} it$^{a\ b\ e\ ff2}$ vg syr$^{p\ s}$ cop$^{sa\ bo}$ arm Origen
"그를"(αὐτὸν)--UBS ℵ* A* B
"그 몸을"--한글개역

요 3:13, "하늘에서 내려온 자 곧 인자 외에는 하늘에 올라간 자가."

⋆"하늘에 있는 인자"--Byz A* it$^{a\ b\ (e)\ ff2}$ vg syr$^{p\ (c)}$ cop^{bo-pt} arm Origen$^{lat\ 2/4}$
"인자"--UBS p$^{66\ 75}$ ℵ B cop$^{sa\ bo-pt}$ Diatessaron Origen$^{lat\ 2/4}$

요 3:15, "이는 저를 믿는 자마다 영생을 얻게 하려 하심이니라."

⋆"멸망치 않고"--Byz (A) it$^{b\ ff2}$ vg syr$^{p\ s}$ cop^{bo-ms} arm
(생략)--UBS (p^{66}) p^{75} (ℵ) B (it^{a})

요 3:16, "하나님이 세상을 이처럼 사랑하사 독생자를 주셨으니."

★"자기 독생자"--Byz A latt syr
"독생자"--UBS $p^{66\ 75}$ $\aleph^{*}$ B

요 3:25, "요한의 제자 중에서 한 유대인으로 더불어 결례에 대하여."

★"한 유대인"--UBS Byz p^{75} A B $syr^{p\ s}$ $cop^{sa\text{-}mss}$ arm
"유대인들"--TR p^{66} $\aleph^{*}$ $it^{(a)\ b\ e\ ff2}$ vg syr^{c} $cop^{sa\text{-}mss\ bo}$ Origen

요 3:34, "이는 하나님이 성령을 한량없이 주심이니라."

★"하나님께서 성령을"--Byz A D $it^{a\ (d)}$ vg syr^{p} $cop^{sa\ bo\ fay}$ arm Origen^{lat}
"그가 성령을"--UBS $p^{66\ 75}$ $\aleph$ C^{*} $it^{b\ e}$ Origen^{gr}
"그가"--B^{*}

요 4:11, "여자가 가로되 주여, 물 길을 그릇도 없고."

★"여자가 그에게"--[UBS] (한글개역) Byz (p^{66*}) A C D $it^{a\ b\ d\ e}$ it^{ff2} vg $syr^{p\ c}$ $cop^{sa\ bo\ fay}$ arm geo Diatessaron^{arm} Origen
"그가 그에게"--p^{75} B syr^{s} cop^{ach2} Diatessaron^{syr}
"저가 그에게"--$\aleph^{*}$

요 4:36, "거두는 자가 이미 삯도 받고 영생에 이르는 열매를 모으나니."

★"그리고 거두는 자가"--Byz A it vg syr^{p} $cop^{bo\text{-}mss}$ arm
"거두는 자가"--UBS $p^{66\ 75}$ $\aleph$ B C^{*} D $it^{b\ d\ e}$ ($syr^{s\ c}$) $cop^{sa\ bo}$ Irenaeus^{lat}

요 4:42, "친히 듣고 그가 참으로 세상의 구주신 줄 앎이니라 하였더라."

★"세상의 구주 그리스도"--Byz A D it^{e} syr^{p} $cop^{bo\text{-}pt}$
"세상의 구주"--UBS $p^{66\ 75}$ $\aleph$ B C^{*} it vg syr^{c} Irenaeus$^{lat\ vid}$ Origen

요 5:2, "양문 곁에 히브리 말로 베데스다라 하는 못이 있는데."

★"베데스다"(Βηθεσδά)--Byz A C vg^{mss} $syr^{p\ c}$ arm
"벧사이다"(Βηθσαιδά)--$p^{66\ 75}$ B T vg $cop^{sa\ pbo\ bo\ ach2}$ Tertullian
"벧자다"(Βηθζαθά)--UBS $\aleph$ ($it^{b\ e\ ff2}$ vg^{mss})
"벨제다"(Βελζεθά)--D $it^{(a)\ d}$

요 5:3-4, "물의 동함을 기다리니 이는 천사가 가끔 못에 내려와 물을 동하게 하는데 동한 후에 먼저 들어가는 자는 어떤 병에 걸렸든지 낫게 됨이러라."

⋆(본문)--[한글개역] Byz A it$^{\text{a b e ff2}}$ vg^{cl} syr^{p} cop$^{\text{bo-pt}}$ Tertullian
(생략)--UBS p$^{\text{66 75}}$ ℵ B C* D T it^{d} vg$^{\text{ww st}}$ syr^{c} cop$^{\text{sa pbo bo-pt ach2}}$ arm geo

요 5:16, "유대인들이 예수를 핍박하게 된지라."

⋆"핍박하고 죽이려 한지라"--Byz A it^{e} syr^{p} cop$^{\text{bo-pt}}$
"핍박하게 된지라"--UBS p$^{\text{66 75}}$ ℵ B C D W lat syr$^{\text{(s) c}}$ cop$^{\text{sa pbo}}$ cop$^{\text{ach2}}$

요 5:17, "예수께서 저희에게 이르시되."

⋆"예수께서"--[UBS] Byz p$^{\text{66}}$ A D it$^{\text{a b d (e) ff2}}$ vg syr$^{\text{p c}}$ cop$^{\text{sa bo}}$ cop$^{\text{ach2}}$ arm
(생략)--p$^{\text{75}}$ ℵ B W cop^{pbo}

요 5:25, "죽은 자들이 하나님의 아들의 음성을 들을 때가 오나니."

⋆"자신들을 위해 들을"(ἀκούσονται 미래 중간태)--Byz A D
"들을"(ἀκούσουσιν 미래 능동태)--UBS p$^{\text{75}}$ B
"들을"(ἀκούσωσιν 제1부정과거 능동태)--p$^{\text{66}}$ ℵ W

요 5:28, "무덤 속에 있는 자가 다 그의 음성을 들을 때가 오나니."

⋆"자신들을 위해 들을"(ἀκούσονται 미래 중간태)--Byz A D
"들을"(ἀκούσουσιν 미래 능동태)--UBS p$^{\text{75}}$ B
"들을"(ἀκούσωσιν 제1부정과거 능동태)--p$^{\text{66}}$ ℵ W

요 5:32, "나를 위하여 증거하시는 그 증거가 참인 줄 아노라."

⋆"나는 아노라"--UBS Byz p$^{\text{66 75}}$ A B W it^{b} vg syr^{p} cop$^{\text{sa pbo bo}}$ cop$^{\text{ach2}}$
"너희는 아노라"--ℵ* D it$^{\text{a d e}}$ syr^{c} arm

요 5:37, "나를 보내신 아버지께서 친히 나를 위하여 증거하셨느니라."

⋆"아버지께서 친히"--Byz p$^{\text{66}}$ A it vg
"저 아버지께서"--UBS p$^{\text{75 95}}$ ℵ B W it$^{\text{a ff2}}$

요 5:44, "유일하신 하나님께로부터 오는 영광은 구하지 아니하니."

⋆"유일하신 하나님"--UBS Byz ℵ A D it$^{\text{d e ff2}}$ vg syr$^{\text{p c}}$ cop$^{\text{bo-pt}}$ Origen
"유일하신 자"--p$^{\text{66 75}}$ B W it$^{\text{a b}}$ cop$^{\text{sa pbo bo-pt ach2}}$ arm

요 6:10, "사람들이 앉으니 수효가 5천쯤 되더라."

★"약(ώσεί) 5천"--Byz $p^{28vid\ 66}$ A

"약(ώς) 5천"--UBS p^{75} B D W

"약(ώς) 3천"--$\aleph^{*}$

요 6:22, "배 한 척밖에 다른 배가 거기 없는 것과 또 어제 예수께서 그 배에 오르지 아니하시고 제자들만 가는 것을 보았더니."

★"없는 것과 그의 제자들이 거기에 들어갔고"--Byz $\aleph^{*}$ $D^{(*)}$ $it^{a\ e}$ $syr^{p\ (c)}$ cop^{sa}

"없는 것과"--UBS p^{75} A B W lat cop

요 6:39, "나를 보내신 이의 뜻은 내게 주신 자 중에."

★"나를 보내신 아버지"--Byz lat

"나를 보내신 이"--UBS $p^{66\ 75}$ A B D W $it^{b\ e}$ $syr^{p\ s\ c}$

요 6:43, "예수께서 대답하여 가라사대 너희는 서로 수군거리지 말라."

★"그러므로 예수께서"--Byz ℵ A D W

"예수께서"--UBS $p^{66\ 75}$ B C T

요 6:45, "아버지께 듣고 배운 사람마다 내게로 오느니라."

★"그러므로 아버지께"--Byz A $syr^{p\ c}$

"아버지께"--UBS $p^{66\ 75}$ ℵ B C D T W lat syr^{s} Origen

요 6:47, "믿는 자는 영생을 가졌나니."

★"나를 믿는 자는"--Byz A D $it^{a\ b\ d\ e\ ff2}$ vg syr^{p} $cop^{sa\ pbo\ bo}$

"믿는 자는"--UBS $p^{66\ 75vid}$ ℵ B C^{*} T W cop^{ac2} arm

요 6:51, "나의 줄 떡은 곧 세상의 생명을 위한 내 살이로라."

★"생명을 위해 줄"--Byz syr^{p} cop^{bo}

"생명을 위한"--UBS $p^{66\ 75}$ (ℵ) B C D T W lat $syr^{c\ s}$ $cop^{sa\ pbo\ ac2}$ Clement

요 6:55, "내 살은 참된 양식이요 내 피는 참된 음료로다."

★"참으로 . . . 참으로"--Byz p^{66*} ($\aleph^{*}$ D) $it^{a\ b\ d\ e\ ff2}$ vg $syr^{p\ s\ c}$ Diatessaron $Origen^{2/5}$

"참된 . . . 참된"--UBS p^{75} B C W $cop^{sa\ bo\ ach2}$ arm geo Clement $Origen^{3/5}$

요 6:69, "우리가 주는 하나님의 거룩하신 자신 줄 믿고 알았삽나이다."

⋆"살아계신 하나님의 아들 그리스도"--Byz it^{ff2} syr^{p} cop^{bo-mss} Cyprian

"하나님의 아들 그리스도"--it$^{a\ e}$ vg syr^{s} arm ('그리스도' 생략--it^{b} syr^{c})

"하나님의 거룩하신 그리스도"--p^{66} cop$^{sa-mss\ bo\ ach2}$

"하나님의 거룩하신 자"--UBS p^{75} ℵ B C* D W it^{d} cop^{sa-ms} cop^{pbo}

요 7:8, "이 명절에 아직 올라가지 아니하노라."

⋆"아직"--Byz p$^{66\ 75}$ B W vg^{mss} syr^{p} cop$^{sa\ pbo\ ach2}$

(생략)--UBS ℵ D it$^{a\ b\ d\ e\ ff2}$ vg syr$^{s\ c}$ cop^{bo} arm Diatessaron

요 7:53-8:11, "다 각각 집으로 돌아가고 . . . . 가서 다시는 죄를 범치 말라 하시니라"(간음 중에 잡힌 여자 이야기).

⋆(본문)--[UBS 한글개역] Byz D it$^{d\ e\ ff2}$ vg cop^{bo-pt}

(생략)--p$^{66\ 75}$ ℵ A^{vid} B C^{vid} W it^{a} syr$^{p\ s\ c}$ cop$^{sa\ pbo\ bo-pt\ ach2}$ arm^{mss} Diatessaron Origen Tertullian Cyprian

요 8:16, "나를 보내신 이가 나와 함께 계심이라."

⋆"나를 보내신 아버지"--UBS Byz p$^{39\ 66\ 75}$ B W it$^{a\ b\ e\ ff2}$ vg syr^{p} cop$^{sa\ pbo\ bo\ ach2}$ arm Origen Tertullian

"나를 보내신 이"--ℵ* D it^{d} syr$^{s\ c}$

요 8:21, "다시 이르시되 내가 가리니 너희가 나를 찾다가."

⋆"예수께서 다시 이르시되"--Byz p^{66c} lat syr cop$^{sa\ bo}$

"다시 이르시되"--UBS p$^{66*\ 75}$ ℵ B D W it$^{b\ e}$

요 8:29, "나를 혼자 두지 아니하셨느니라."

⋆"아버지께서 나를"--Byz syr$^{(p)}$ (cop^{bo-pt})

"나를"--UBS p$^{66\ 75}$ ℵ B D W lat syr^{s} cop

요 8:38, "나는 내 아버지에게서 본 것을 말하고 너희는 너희 아비에게서 들은 것을 행하느니라."

⋆"내 아버지 곁에서 본 것"--(한글개역) Byz ℵ it$^{a\ e\ ff2}$ vg^{cl} syr$^{p\ s}$ arm Tertullian$^{1/2}$ Cyprian

"아버지 곁에서 본 것"--UBS p$^{66\ 75}$ B C vg$^{ww\ st}$ Origen

★"너희 아버지 곁에서 본 것을"--Byz (D) it$^{a\ b\ (d)\ e\ ff2}$ vg syr$^{p\ s}$ cop$^{(bo-ms)}$ (Tertullian)
"아버지에게서 본 것을"--p^{66} ℵ* cop$^{sa\ pbo}$
"아버지에게서 들은 것을"--UBS (한글개역) B (C) W cop^{bo} arm Origen

요 8:41, "대답하되 우리가 음란한 데서 나지 아니하였고."

★"그러므로 그들이 대답하되"--[UBS] Byz p$^{66\ 75}$ C D vg
"그들이 대답하되"--(한글개역) ℵ B it syr$^{p\ s}$ cop

요 8:52, "유대인들이 가로되 지금 네가 귀신 들린 줄을 아노라."

★"그러므로 유대인들이"--[UBS] Byz p^{75} D lat cop^{sa-mss}
"유대인들이"--p^{66} ℵ B C W it syr$^{p\ s}$ cop$^{sa-mss\ bo}$

요 8:54, "곧 너희가 너희 하나님이라 칭하는 그 이시라."

★"우리 하나님이라"--UBS Byz p^{75} A C W vg$^{ww\ st}$ syr$^{p\ s}$ cop$^{sa\ bo}$ arm
"너희 하나님이라"--TR p^{66*} ℵ B* Lect^{AD} it$^{a\ b\ d\ e\ ff2}$ vg^{cl} Tertullian

요 8:57, "네가 아직 오십도 못되었는데 아브라함을 보았느냐?"

★"아브라함을 보았느냐?"--UBS Byz p^{66} A (B) C D it$^{a\ b\ d\ e\ ff2}$ vg syr^{p} cop^{bo} arm Diatessaron^{arm} Irenaeus^{lat} Origen
"아브라함이 너를 보았느냐?"--p^{75} ℵ* syr^{s} cop^{sa} Diatessaron^{syr}

요 8:59, "돌을 들어 치려하거늘 예수께서 숨어 성전에서 나가시니라."

★"그들 가운데로 통과하여 나가시니라"--Byz A (C) vg^{ms} (syr^{p} cop^{bo})
"나가시니라"--UBS p$^{66\ 75}$ ℵ* B D W it$^{a\ b\ d\ e\ ff2}$ vg syr^{s} cop$^{sa\ pbo}$ cop$^{bo-ms\ ach2}$ arm

요 9:4, "아직 낮이매 나를 보내신 이의 일을 우리가 하여야 하리라."

★"내가 하여야"--Byz A C it$^{a\ b\ e\ ff2}$ vg syr$^{p\ s}$ cop^{ach2} arm Diatessaron
"우리가 하여야"--UBS p$^{66\ 75}$ ℵ* B D W (it^{d})

요 9:6, "땅에 침을 뱉아 진흙을 이겨 그의 눈에 바르시고."

★"바르시고"(ἐπέχρισεν)--UBS Byz p$^{66\ 75}$ ℵ A C D it$^{a\ b\ d\ e\ ff2}$

vg syr$^{p\ s}$ cop$^{sa\ bo}$ arm Irenaeus^{lat}
"두시고"(ἐπέθηκεν)--B Diatessaron

요 9:8, "이웃 사람들과 및 전에 저가 걸인인 것을 보았던 사람들이."

★"소경(τυφλός)인 것"--Byz
"걸인(προσαίτης)인 것"--UBS (p^{66}) p^{75} א A B C

요 9:10, "저희가 묻되 그러면 네 눈이 어떻게 떠졌느냐?"

★"네 눈이"--Byz p^{75} A B lat syr$^{p\ s}$ cop$^{sa-mss\ pbo\ bo}$
"그러면 네 눈이"--[UBS] p^{66} א C D it cop$^{sa-mss\ ac2}$

요 9:35, "가라사대 네가 인자를 믿느냐?"

★"하나님의 아들을"--Byz A it$^{a\ b\ e\ ff2}$ vg syr^{p} cop^{bo} arm Origen^{mss} Tertullian
"인자를"--UBS p$^{66\ 75}$ א B D it^{d} syr^{s} cop$^{sa\ pbo-ms}$ Origen

요 10:19, "이 말씀을 인하여 유대인 중에 다시 분쟁이 일어나니."

★"그러므로 이 말씀을 인하여"--Byz p^{66} A vg^{mss}
"이 말씀을 인하여"--UBS p^{75} א B it$^{a\ b\ e}$ vg syr^{p} cop arm

요 10:26, "너희가 내 양이 아니므로 믿지 아니하는도다."

★"내가 너희에게 말한 바와 같이"--Byz p^{66*} A D it$^{a\ b\ d\ e\ ff2}$ syr$^{p\ s}$ cop^{pbo}
(생략)--UBS 한글개역 p^{75} א B W vg cop^{sa} arm Origen

요 10:29, "저희를 주신 내 아버지는 만유보다 크시매."

★"저희를 내게 주신 내 아버지는"--Byz p^{66} A it^{d} syr$^{p\ s}$ arm
"아버지께서 내게 주신 것은"--UBS B* it$^{a\ b\ e\ ff2}$ vg cop^{bo} Tertullian

요 10:34, "예수께서 가라사대 너희 율법에 기록한 바."

★"예수께서"(ὁ Ἰησοῦς)--Byz p^{75} א A
"예수께서"(Ἰησοῦς)--p^{45} B
"예수께서"([ὁ] Ἰησοῦς)--UBS

요 10:38, "내가 행하거든 나를 믿지 아니할지라도 그 일은 믿으라. 그러면 너희가 아버지께서 내 안에 계시고 내가 아버지 안에 있음을 깨달아 알리라."

⋆"믿으라"(πιστεύσατε)--Byz p[45 66] A
"믿으라"(πιστεύετε)--UBS p[75] ℵ B D W

⋆"알고 믿으리라"--Byz (ℵ) A vg syr[p]
"깨달아 알리라"--UBS p[45 66 75] B (W) cop[sa pbo bo ach2] arm

요 11:2, "이 마리아는 향유를 주께 붓고."

⋆Μαρία--Byz p[66] ℵ A D W cop
Μαριὰμ--UBS p[6vid] B

요 11:21, "마르다가 예수께 여짜오되 주께서 여기 계셨더면."

⋆"주여, 주께서"--UBS Byz p[45 66 75] ℵ A C D W it[a b d e ff2] vg syr[p] cop[sa pbo bo-ms ach2] arm Diatessaron[(syr)]
"주께서"--B syr[s]

요 11:22, "그러나 나는 이제라도 주께서 무엇이든지 하나님께."

⋆"그러나"--[UBS] Byz p[45 66] A D W lat syr cop
(생략)--p[75] ℵ[*] B C[*] cop[bo-mss]

요 11:32, "마리아가 예수 계신 곳에 와서 보이고."

⋆Μαρία--Byz p[45 66*] ℵ A D W cop
Μαριὰμ--UBS p[75] B C[*]

요 11:41, "돌을 옮겨 놓으니 예수께서 눈을 들어 우러러 보시고."

⋆"그러므로 저희가 그 죽은 자가 놓여 있는 곳에서 돌을"--Byz
"돌을"--그 외의 사본, 역본들

요 11:50, "온 민족이 망하지 않게 되는 것이 너희에게 유익한 줄을."

⋆"우리에게"--Byz A W vg[ww st] syr[p s] cop[sa-mss ach2] arm Origen
"너희에게"--UBS p[45 66] B D it[a b e ff2] vg[cl] cop[bo] Origen[lat]

요 11:54, "에브라임이라는 동네에 가서 제자들과 함께 거기 유하시니라."

⋆διέτριβε--Byz p[45] A
ἔμεινεν--UBS p[66*vid 75] ℵ B

요 12:1, "예수께서 죽은 자 가운데서 살리신 나사로의 있는 곳."

⋆"죽었던 자 나사로의"--Byz p[66] A D it[b d ff2] vg syr[s] cop[bo ach ach2] arm

"나사로의"--UBS ℵ B W it$^{a\ e}$ syr^{p} cop$^{sa\ pbo}$ Origen^{lat}

요 12:4, "예수를 잡아 줄 가롯 유다가 말하되."

★"잡아 줄 자 시몬의 [아들] 가롯 유다"--Byz A D (Q) latt cop^{bo}

"잡아 줄 가롯 유다"--UBS (p$^{66\ 75vid}$) ℵ (B W) syr$^{p\ s}$ cop$^{sa\ ach2}$

요 12:9, "유대인의 큰 무리가 예수께서 여기 계신 줄을 알고 오니."

★"큰 무리가"--Byz (p^{66*}) p^{75} A it$^{a\ b\ d\ e\ ff2}$ syr^{p} cop$^{sa\text{-}mss\ ach2}$

"그 큰 무리가"--UBS ℵ* B*

요 12:28, "아버지여, 아버지의 이름을 영광스럽게 하옵소서."

★"아버지의 이름을"(σου τὸ ὄνομα)--UBS Byz p$^{66\ 75}$ ℵ A W it^{a} it$^{b\ e\ ff2}$ vg syr$^{p\ s}$ cop$^{sa\ pb\ ach2}$ arm Tertullian

"나의 이름을"(μου τὸ ὄνομα)--B

요 12:32, "내가 땅에서 들리면 모든 사람을 내게로 이끌겠노라."

★"모든 사람"--UBS Byz p^{75vid} A B W (cop^{pbo}) arm Origen$^{gr\ lat1/3}$

"모든 것"--p^{66} ℵ* it$^{a\ b\ e\ ff2}$ vg Irenaeus^{lat} Origen$^{lat2/3}$

요 12:35, "빛이 있을 동안에 다녀 어두움에 붙잡히지 않게 하라."

★"빛이 있을 동안에(때까지)(ἕως)"--Byz p^{66} ℵ lat

"빛이 있을 동안에(때에)(ὡς)"--UBS A B D W

요 12:36, "아직 빛이 있을 동안에 빛을 믿으라."

★"빛이 있을 동안에(때까지)(ἕως)"--Byz p^{66} lat

"빛이 있을 동안에(때에)(ὡς)"--UBS p^{75} ℵ A B D W

요 12:41, "이사야가 이렇게 말한 것은 주의 영광을 보고 주를 가리켜 말한 것이라."

★"주를 가리켜 말하였을 때라(ὅτε)"--Byz it$^{a\ b\ d\ ff2}$ vg syr$^{p\ s}$ Origen^{lat} Diatessaron

"주를 가리켜 말하였기 때문이라(ὅτι)"--UBS p$^{66\ 75}$ ℵ A B it^{e} cop$^{sa\ pbo\ bo\ ach2}$ arm′

요 13:2-3, "마귀가 벌써 시몬의 아들 가룟 유다의 마음에 예수를 팔려는 생각을 넣었더니 저녁 먹는 중."

★"저녁식사가 끝날 때 마귀는"(γενομένου)--Byz p^{66} A D it$^{a\ b\ e}$ it^{ff2} vg

"저녁식사 중 마귀가"(γινομένου)--UBS 한글개역 ℵ* B W it^{d} arm Origen

⋆"가룟 시몬의 아들 유다의 마음 속에 그를 팔려는 생각을 이미 넣었더니"--Byz A (it$^{a\ ff2}$) syr$^{p\ s}$ cop$^{sa\text{-}mss\ ach\ ach2}$ Origen$^{2/7}$

"가룟 시몬의 아들 유다가 그를 팔려는 생각을 그 마음에 이미 넣었더니"--UBS (p$^{66\ 75vid}$ ℵ B it^{b}) vg$^{cl\ (ww\ st)}$ (cop^{bo}) arm (Origen$^{5/7}$)

요 13:18, "그러나 내 떡을 먹는 자가 내게 발꿈치를 들었다 한."

⋆"나와 함께 떡을"--Byz p^{66} ℵ A D W it$^{a\ b\ d\ (e)\ ff2}$ vg syr$^{p\ s}$ cop$^{bo\text{-}pt}$ arm Origen$^{1/2}$ Tertullian

"내 떡을"--UBS B C vg^{mss} cop^{sa} Origen$^{1/2}$

요 13:26, "곧 한 조각을 찍으셔다가 가룟 시몬의 아들 유다를 주시니."

⋆"시몬의 [아들] 가룟인 유다"--Byz p^{66} A W cop^{bo}

"가룟 시몬의 아들 유다"--UBS ℵ B C cop^{sa}

요 13:32, "만일 하나님이 저로 인하여 영광을 얻으셨으면 하나님도 자기로 인하여 저에게 영광을 주시리니 곧 주시리라."

⋆"만일 하나님이 저로 인하여 영광을 얻으셨으면"--[UBS] Byz A it^{e} vg syr^{p} cop$^{sa\ pbo\ bo\text{-}pt}$ arm

(생략)--p^{66} ℵ* B C* D W it$^{a\ b\ d\ ff2}$ syr^{s} cop$^{bo\text{-}pt\ ach2}$ Tertullian

⋆"하나님도 자기로 인하여"--Byz A D W it$^{b\ d\ e\ ff2}$ vg arm Tertullian

"하나님도 저로 인하여"--UBS p^{66} ℵ* B it^{a} vg^{ms}

요 14:4 "내가 가는 곳에 그 길을 너희가 알리라."

⋆"어디로 가는지 너희가 알고 또 그 길을 너희가 알리라"--Byz p^{66*} A D it$^{b\ d\ e\ ff2}$ vg syr$^{p\ s}$ cop$^{sa\text{-}mss\ ach2}$ arm

(본문)--UBS ℵ B C* W it^{a} cop$^{sa\text{-}ms\ pbo\ bo}$

요 14:15, "너희가 나를 사랑하면 나의 계명을 지키리라."

⋆τηρήσατε (1 aor imp)--Byz A D W it$^{a\ b\ d\ e\ ff2}$ vg Origen^{lat}

τηρήσετε (fut ind)--UBS B cop$^{sa\ pbo\ bo\ ach2}$

τηρήσητε (1 aor subj)--p^{66} ℵ arm

요 14:16, "너희에게 주사 영원토록 너희와 함께 있게 하시리니."

★"너희와 함께 거하게"--Byz p^{66} A (D) W vg
"너희와 함께 있게"--UBS p^{75} (ℵ) B it$^{b\ (e)}$

요 14:28, "나의 아버지께로 감을 기뻐하였으리라."

★"내가 아버지께로 간다고 말하였음을"--Byz
(본문)-UBS ℵ A B D lat

요 14:28, "아버지는 나보다 크심이니라."

★"나의 아버지는"--Byz ℵ* it^{a} syr^{p} cop$^{sa\text{-}mss\ ach2\ bo}$
"아버지는"--UBS A B D* lat cop$^{sa\text{-}ms\ pbo}$ Irenaeus^{lat}

요 16:16, "또 조금 있으면 나를 보리라."

★"이는 내가 아버지께로 감이니라"--Byz A vg syr$^{p\ (s)}$ cop$^{(pbo)}$ cop$^{bo\text{-}mss}$ (arm)
(생략)--UBS p$^{5\ 66}$ ℵ B D W it$^{a\ d\ e\ ff2}$ cop$^{sa\ ach2\ bo\text{-}pt}$ Origen

요 16:20, "너희는 근심하겠으나 너희 근심이 도리어 기쁨이 되리라."

★"그러나 너희는 근심하겠으나"--Byz A W vg cop$^{sa\text{-}ms\ bo\text{-}ms}$
"너희는 근심하겠으나"--UBS p^{5} ℵ* B D it syr^{s}

요 16:27, "또 나를 하나님께로서 온 줄 믿은 고로."

★"하나님께로서"(τοῦ Θεοῦ)--UBS Byz W
"하나님께로서"(Θεοῦ)--p^{5} ℵ* A it$^{a\ b\ e}$ vg syr$^{p\ s}$ arm Origen^{lat} Tertullian
"아버지께로서"(τοῦ πατρός)--B C* D it^{d} cop$^{sa\ pbo\ bo}$

요 17:1, "[당신의] **아들을 영화롭게 하사 아들로 아버지를**[당신을] **영화롭게 하게 하옵소서."**

★"또한 당신의 아들로"--Byz vg^{mss} (Diatessaron^{arm}) Origen$^{gr1/2}$ Origen$^{lat1/2}$ ('또한' 생략--A D it$^{a\ b}$ vg syr$^{p\ s}$ cop$^{sa\ bo\ ach2}$ arm Origen$^{lat1/2}$)
"아들로"--UBS ℵ B C* W it$^{d\ e\ ff2}$ cop^{pbo} Origen$^{1/2}$

요 17:11, "거룩하신 아버지여, 내게 주신 아버지의 이름으로 저희를 보전하사."

★"내게 주신 자들을 아버지의 이름으로 보전하사"--Byz A D it^{a}

it$^{b\ (d)\ e\ ff2}$ vg syr^{p} Origen^{lat}
"내게 주신 아버지의 이름으로 저희를 보전하사"--UBS B (C* W) cop$^{sa-mss\ pbo\ bo\ ach2}$ arm

요 17:21, "저희도 다 하나가 되어 우리 안에 있게 하사."

⋆"저희도 우리 안에서 하나가 되게 하사"--Byz ℵ A vg syr^{p} cop^{bo} Clement Origen$^{gr\ lat}$
"저희도 우리 안에 있게 하사"--UBS p^{66vid} B C* D W it$^{a\ b\ d\ e}$ vg^{ms} syr^{s} cop$^{sa\ pbo\ bo-ms\ ach2}$ arm Cyprian

요 17:23, "저희로 온전함을 이루어 하나가 되게 하려 함은."

⋆καὶ ἵνα--Byz A syr^{p}
καὶ--p^{66} ℵ W lat
ἵνα----UBS 한글개역 B C D it$^{a\ e}$syr^{s}

요 18:5, "나사렛 예수라 하거늘 가라사대 내로라 하시니라."

⋆"예수께서 가라사대 내로라"--Byz (ℵ) A C W vg syr^{p} cop$^{sa\ bo}$ cop^{ach2} arm Diatessaron^{arm}
"가라사대 내로라"--UBS D it$^{b\ e}$ syr^{s} cop^{pbo} Origen$^{gr\ lat}$
"가라사대 내가 예수로라"--B

요 18:20, "내가 드러내어 놓고 세상에 말하였노라."

⋆"말하였노라"(ἐλάλησα)--Byz p^{66} W
"말하였노라"(λελάληκα)--UBS ℵ A B C*

요 19:20, "히브리와 로마와 헬라 말로 기록되었더라."

⋆"헬라어와 로마어[라틴어]로"--Byz A lat syr
"로마어[라틴어]와 헬라어로"--Nestle^{27} p^{66vid} (ℵ*) B it$^{e\ ff2}$ cop

요 19:24, "이는 성경에 저희가 내 옷을 나누고 내 옷을 제비 뽑나이다 한 것을 응하게 하려 함이러라."

⋆"이는 성경에 . . . 라고 말한 것을"--UBS Byz p^{66vid} A W vg syr^{p} cop$^{sa-mss\ bo}$ arm
"이는 . . . 라는 성경을"--ℵ B it$^{a\ b\ e\ ff2}$ cop$^{sa-mss\ pbo\ ach2}$

요 19:39, "니고데모도 몰약과 침향 섞은 것을 백 근쯤 가지고 온지라."

⋆"침향 섞은 것"(μίγμα)--UBS Byz p^{66vid} A it$^{a\ b\ ff2}$ vg cop$^{sa\ bo}$

"침향 뭉치"(ἑλίγμα)--ℵ* B W cop^pbo

요 20:17, "내가 아직 아버지께로 올라가지 못하였노라."

★"내 아버지께로"--Byz p^66 A it^a ff2 vg syr^p s cop^sa bo arm Origen Tertullian

"아버지께로"--UBS ℵ B D W it^b d e Irenaeus^lat Origen

요 20:30, "예수께서 제자들 앞에서 이 책에 기록되지 아니한."

★"그의 제자들"--[UBS] Byz p^66 ℵ C D W it^a b d e vg syr^p s cop^sa cop^pbo cop^bo arm

"제자들"--A B

요 21:3, "저희가 우리도 함께 가겠다 하고 나가서 배에 올랐으나."

★"즉시 배에 올랐으나"--Byz A

"배에 올랐으나"--UBS ℵ B C* D W latt syr^p s cop

요 21:13, "예수께서 가셔서 떡을 가져다가 저희에게 주시고."

★"그러므로 예수께서"--Byz A it^ff2 cop^bo

"예수께서"--UBS (ℵ) B C D W

요 21:15, "시몬 베드로에게 이르시되 요한의 아들 시몬아."

★"요나의 [아들]"--Byz A syr^p s arm

"요한의 [아들]"--UBS B C* D W it^a b d (e) ff2 vg cop^sa cop^pbo bo

(생략)--ℵ*

요 21:17, "세 번째 가라사대 요한의 아들 시몬아."

★"요나의 [아들]"--Byz A syr^p s arm Origen

"요한의 [아들]"--UBS ℵ B C* D W it^(a) b d e ff2 vg cop^sa pbo bo

요 21:25, "이 세상이라도 이 기록된 책을 두기에 부족할 줄 아노라."

★"아멘"--Byz lat

(생략)--UBS ℵ A B C* D W it syr^p s cop

사도행전

행 1:8, "온 유대와 사마리아와 땅 끝까지 이르러 내 증인이 되리라."

★"나를 위한 증인"--Byz
"내 증인"--UBS ℵ A B C

행 1:13, "베드로, 요한, 야고보, 안드레와 빌립."

★"야고보와 요한과"--Byz
"요한과 야고보와"--Nestle^{27} ℵ A B C (D lat) syr^{p}

행 1:14, "마음을 같이하여 전혀 기도에 힘쓰니라."

★"기도와 간구에"--Byz
"기도에"--Nestle^{27} ℵ A B C* D latt syr

행 1:15, "그때에 베드로가 그 형제 가운데 일어서서 가로되."

★"제자들"--Byz D it syr cop^{meg} Cyprian
"형제들"--UBS ℵ A B C* vg cop$^{sa\ bo}$

행 1:25, "봉사와 및 사도의 직무를 대신할 자를 보이시옵소서."

★"직무(κλῆρος)"--Byz ℵ it^{e} syr^{p} arm geo
"지위(τόπος)"--UBS A B C* D it^{d} vg cop$^{sa\ bo\ meg}$

행 2:47, "주께서 구원받는 사람을 날마다 더하게 하시니라."

★"그 교회에"--Byz (D it^{d}) syr^{p} (cop^{meg} geo) (UBS^{2} Nestle^{27} 참조)
(생략)--UBS p^{91vid}(3세기) ℵ A B C vg cop$^{sa\ bo}$ arm

행 4:24, "대주재여, 천지와 바다와 그 가운데 만유를 지은 이시요."

★"지으신 하나님이시요"--Byz D it^{d} vg^{mss} syr^{p} cop$^{sa\ meg}$ geo Irenaeus^{lat}
(본문)--UBS ℵ A B vg^{cl} cop^{bo}

행 4:30, "손을 내밀어 병을 낫게 하옵시고."

★"주께서 주의 손을 내밀어"(τὴν χεῖρά σου ἐκτείνειν σε)--M ℵ* TR [Cr]
"주의 손을 내밀어"(τὴν χεῖρά σου ἐκτείνειν)--M^{c}
"주께서 손을 내밀어"(τὴν χεῖρά ἐκτείνειν σε)--B
"주께서 손을 내밀어"(τὴν χεῖρά σε ἐκτείνειν)--A

"주의 손을 내밀어"(ἐκτείνειν τὴν χεῖρά σου)--p^{45vid}

행 5:24, "성전 맡은 자와 제사장들이 이 말을 듣고 의혹하여."

★"제사장과 성전 맡은 자와 대제사장들이"--Byz syr$^{(p)}$

"성전 맡은 자와 대제사장들이"--UBS ℵ A B D vg (cop)

행 5:32, "우리는 이 일에 증인이요."

★"그의 증인"--Byz arm^{mss} geo

(본문)--UBS ℵ (A) D* vg (it^d) cop$^{sa\ bo\ meg}$ arm^{mss}

행 7:37, "하나님이 너희 형제 가운데서 나와 같은 선지자를 세우리라."

★"주 우리 하나님이"--Byz

"주 너희 하나님이"--TR

"하나님이"--UBS ℵ A B

행 7:43, "몰록의 장막과 신 레판의 별을 받들었음이여."

★"너희 신"--Byz [UBS] ℵ A C vg cop$^{meg\ bo}$ Cyprian

"신"--B D syr^p cop^{sa} Irenaeus^{lat} Origen

★렘판(Ῥεμφάν)--Byz^{pt} TR it vg

레판(Ῥεφάν)--Byz^{pt} C

라이판(Ῥαιφάν)--UBS A syr

롬파(Ῥομφά)--B

렘팜(Ῥεμφάμ)--D

행 7:46, "야곱의 집을 위하여 하나님의 처소를 준비케 하여 달라 하더니."

★"야곱의 하나님을 위하여 처소를"--Byz A C vg syr^p cop$^{sa\text{-}mss\ bo\ meg}$ arm geo

"야곱의 집을 위하여 처소를"--UBS ℵ* B D it^d cop$^{sa\text{-}ms}$

행 8:37, (생략)

★(생략)--UBS Byz p^{45} ℵ A B C syr^p cop$^{sa\ bo}$

"빌립이 가로되 네가 마음을 온전히 하여 믿으면 가하니라. 대답하여 가로되 내가 예수 그리스도께서 하나님 아들인 줄 믿노라"--vg^{cl} cop^{meg} arm Lect^{AD} (Irenaeus Tertullian Cyprian)

행 9:5, "주여 뉘시오니이까? 가라사대 나는 네가 핍박하는 예수라."

★"주께서 가라사대"--Byz

"가라사대"--B A C

행 9:8, "사울이 땅에서 일어나 눈은 떴으나 아무것도 보지 못하고."

⋆"아무도"--Byz C

"아무것도"--UBS ℵ B A*

행 9:12, "자기에게 안수하여 다시 보게 하는 것을 보았느니라."

⋆"환상 중에 보았느니라"--[UBS] Byz (B C cop^bo-mss meg^) arm

"보았느니라"--ℵ A vg cop^sa bo^

행 9:25, "그의 제자들이 밤에 광주리에 사울을 담아."

⋆"제자들이 그를"--Byz vg^cl^ syr

(본문)--UBS ℵ A B C

행 9:31, "그리하여 온 유대와 갈릴리와 사마리아 교회가 평안하여."

⋆"교회들이"--Byz cop^bo-mss^

"교회가"--UBS ℵ A B C vg (syr^p^ cop^sa bo^) arm

행 10:19, "성령께서 저더러 말씀하시되 두 사람이 너를 찾으니."

⋆"사람들이"--Byz D

"세 사람이"--UBS ℵ A C vg syr^p^ cop^sa bo meg^ geo

"두 사람이"--B

행 10:30, "나흘 전 이맘때까지 내 집에서 제9시 기도를 하는데."

⋆"금식하며 내 집에서"--Byz (p^50^ D it^d^) syr^p^ (cop^sa meg^)

"내 집에서"--UBS ℵ A B C vg cop^bo^ (arm)

행 10:32, "시몬의 집에 우거하느니라."

⋆"그가 와서 네게 말하리라"--Byz C it^d^ syr^p^ cop^sa^ arm

(생략)--UBS p^45^ ℵ A B vg cop^bo^

행 10:33, "이제 우리는 주께서 당신에게 명하신 모든 것을 듣고자."

⋆"하나님께서"--Byz D syr^p^ it^d^ cop^sa^

"주께서"--UBS p^45^ ℵ A B C vg

행 10:42, "재판장으로 정하신 자가 곧 이 사람인 것을 증거하게."

⋆"바로 그인 것을"--Byz ℵ A

"곧 이 사람인 것을"--UBS B C

행 11:11, "마침 세 사람이 내 우거한 집 앞에 섰으니."

★"내 우거한"--Byz p^{45} vg syr^{p} $cop^{sa\ bo\ meg}$ arm^{mss} geo
"우리가 우거한"--UBS ℵ A B D vg^{ms} arm^{mss}

행 11:20, "몇 사람이 안디옥에 이르러 헬라인에게도 말하여."

★"헬라파 유대인들"(Ἑλληνιστάς)--UBS Byz B geo
(본문)(Ἕλληνας)--A D* arm
(둘 다 가능)--it vg syr cop

행 12:24, "하나님의 말씀은 흥왕하여 더하더라."

★"하나님의 말씀"--Byz UBS ℵ A D syr cop KJV NIV
"주의 말씀"--B vg cop^{bo-mss} NASB

행 12:25, "바나바와 사울이 부조의 일을 마치고 마가라 하는 요한을 데리고 예루살렘에서 돌아오니라."

★"그러나 바나바와 사울은 예루살렘으로(εἰς) 돌아와서 부조의 일을 마쳤고 또한 마가라 하는 요한을 동반자로 취하였더라" --UBS Byz ℵ B cop^{sa-ms}
". . . 예루살렘에서(ἐξ) . . ."--TR A syr^{p} cop^{sa} l^{AD}
". . . 예루살렘에서(ἀπό) . . ."--D vg it^{d} $cop^{bo\ meg}$

행 13:18, "약 40년간 저희 소행을 참으시고."

★"저희 소행을 참으시고"--Byz UBS Lect ℵ B D vg
"저희를 기르시고"--A C* it^{d} syr^{p} $cop^{sa\ bo\ meg}$ arm geo

행 13:23, "이스라엘을 위하여 구주를 세우셨으니 곧 예수라."

★"구원을 주셨도다"--Byz
"구주 예수를 주셨도다"--UBS ℵ A B C (D) vg syr $cop^{sa\ bo}$

행 13:26, "이 구원의 말씀을 우리에게 보내셨거늘."

★"너희에게"--Byz p^{45} C vg syr^{p} cop^{bo} arm
"우리에게"--UBS ℵ A B D it^{d} $cop^{sa\ meg}$

행 13:33, "예수를 일으키사 우리 자녀들에게 이 약속을 이루게 하셨다."

★"그들의 자녀들인 우리에게"--[UBS] Byz syr
"우리 자녀들에게"--ℵ A B C* D it (vg)

행 13:42, "저희가 나갈쌔 사람들이 청하되 다음 안식일에도 이 말씀을."

★"저희가 유대인의 회당에서 나올 때"--Byz

"저희가 나갈 때"--UBS ℵ A B C D it^{d} vg syr$^{(p)}$ cop$^{sa\ bo\ meg}$ arm

⋆"이방인들이"--Byz geo
"사람들이"--UBS ℵ A C it^{d} vg syr^{p} cop$^{sa\ meg}$ arm

행 13:44, "그 다음 안식일에는 온 성이 거의 다 하나님 말씀을 듣고자."

⋆"하나님의 말씀을"--Byz B* C vg^{cl} syr^{p} cop^{bo} arm
"주의 말씀을"--UBS ℵ A vg$^{ww\ st}$ cop^{sa} geo

행 13:46, "바울과 바나바가 담대히 말하여."

⋆"그러나"(δὲ)--Byz p^{46} A C
(생략)--UBS ℵ* B

행 13:48, "이방인들이 듣고 기뻐하여 하나님의 말씀을 찬송하며."

⋆"주의 말씀"--Byz UBS p^{45} ℵ A C it^{d} vg cop$^{sa\text{-}mss\ meg}$ arm
"하나님의 말씀"--B D cop$^{sa\text{-}ms\ bo}$

행 14:17, "음식과 기쁨으로 너희 마음에 만족케 하셨느니라."

⋆"우리 마음에"--Byz A
"너희 마음에"--UBS ℵ* B C

행 14:21, "루스드라와 이고니온과 안디옥으로 돌아가서."

⋆(생략)--Byz p^{45}
εἰς--UBS ℵ A B C

행 15:18, "즉 예로부터 이것을 알게 하시는 주의 말씀이라 함과 같으니라."

⋆"하나님께는 그의 모든 일들이 만세 전부터 알려져 있느니라"--Byz syr^{p} (A D it^{d} vg arm^{ms} Irenaeus^{lat})
(본문)--UBS ℵ B C cop$^{sa\ bo}$

행 15:23, "사도와 장로된 형제들은."

⋆"장로들과 형제들"--Byz
"장로된 형제들"--UBS ℵ A B C D it^{d} vg

행 15:24, "어떤 사람들이 우리의 시킨 것도 없이 나가서."

⋆"나가서"--UBS Byz A C D it^{d} vg syr^{p} cop$^{sa\ bo}$ Irenaeus^{lat} Origen^{lat}
(생략)--ℵ* B

★"너희가 할례를 받고 율법을 지켜야 한다고 말하면서"--Byz C syr^{p} arm (Irenaeus^{lat})
(생략)--UBS p^{45vid} א A B D it^{d} vg cop$^{sa\ (bo)}$

행 15:33, "전송을 받고 자기를 보내던 사람들에게로 돌아가되."

★"사도들에게로"--M
"자기를 보내던 사람들에게로"--UBS א* A B C

행 15:34, "(없음)."

★(없음)--Byz UBS א A B vg$^{ww\ st}$ syr^{p} cop^{bo}
"실라는 저희와 함께 유하기를 작정하고"--D vg^{cl}

행 15:40, "형제들에게 주의 은혜에 부탁함을 받고 떠나."

★"하나님의"(Θεοῦ)--Byz p^{45} C vg^{cl} syr^{p} cop^{bo} arm
"주의"(κυρίου)--UBS א A B D it^{d} vg$^{ww\ st}$ cop^{sa}

행 16:7, "예수의 영이 허락지 아니하시는지라."

★"영[성령]이"--Byz cop^{sa} arm^{ms}
"예수의 영이"--UBS א A B D it^{d} vg syr cop$^{bo\ fay}$ arm^{ms} Origen^{lat}

행 16:10, "하나님이 저 사람들에게 복음을 전하라고 우리를 부르신."

★"주께서"--Byz D it^{d} syr^{p} cop^{sa} arm Irenaeus^{lat}
"하나님이"--UBS א A B C vg cop^{bo}

행 16:11, "이튿날 네압볼리로 가고."

★"네압볼린"--Byz C D*
"네안 폴린"--Nestle^{27} א A B

행 16:13a, "안식일에 우리가 기도처가 있는가 하여."

★"기도처가 있곤 했던"--Byz (D it^{d} vg syr^{p}) geo
"기도처가 있는가 하여"--UBS A^{vid} B C cop$^{sa\ bo}$

행 16:13b, "문밖 강가에 나가 거기 앉아서."

★"성밖"--Byz
"문밖"--UBS א A B C

행 16:31, "주 예수를 믿으라. 그리하면 너와 네 집이 구원을 얻으리라."

★"주 예수 그리스도"--Byz C D syr cop^{sa}

"주 예수"--UBS ℵ A B vg cop[bo]

행 16:32, "주의 말씀을 그 사람과 그 집에 있는 모든 사람에게."

★"주의 말씀"--Byz UBS p[45] A C (D) it[d] vg syr[p] cop[sa bo] arm

"하나님의 말씀"--ℵ* B

행 17:5, "그러나 유대인들은 시기하여 저자의 어떤 괴악한 사람들을."

★"믿지 않는 유대인들은"--Byz (D)

"유대인들은 시기하여"--UBS (ℵ) A B vg (syr) cop

행 17:25, "만민에게 생명과 호흡과 만물을 친히 주시는 자이심."

★"호흡을 범사에"--Byz

"호흡과 만물을"(καὶ τὰ)--UBS TR A B

"호흡과 만물을"(καὶ)--ℵ*

행 18:5, "바울이 하나님의 말씀에 붙잡혀 유대인들에게 예수는 그리스도라 밝히 증거하니."

★"성령께 붙잡혀"--Byz arm geo

"하나님의 말씀에 붙잡혀"--UBS ℵ A B D it[d] vg syr[p] cop[sa bo]

행 18:7, "디도 유스도라 하는 사람의 집에 들어가니."

★"유스도"--Byz A D* it[d]

"디도(Τίτου) 유스도"--ℵ vg cop[bo] arm

"디디오(Τιτίου) 유스도"--UBS B*

행 18:17, "모든 사람이 회당장 소스데네를 잡아."

★"모든 헬라인들이"--Byz D it[d (h)] syr[p] cop[sa] arm geo

"모든 사람이"--UBS ℵ A B vg cop[bo]

행 18:21, "작별하여 가로되 만일 하나님의 뜻이면."

★"가로되 나는 다가오는 이 절기를 예루살렘에서 꼭 지켜야 하지만, 그러나 만일 하나님의 뜻이면."--Byz (D*) syr[p]

"가로되 만일 하나님의 뜻이면"--UBS ℵ A B vg cop[sa bo] arm geo

행 18:25, "주의 도를 배워 열심히 예수에 관한 것을 자세히 말하며."

★"주에 관한 것을"--Byz Lect

"예수에 관한 것을"--UBS ℵ A B (D) it[d] vg syr[p] cop[sa bo] arm[(ms)] geo

행 18:26, "브리스길라와 아굴라가 듣고 데려다가."

★"아굴라와 브리스길라"--Byz D syr cop^{sa-mss}
"브리스길라와 아굴라"--UBS ℵ A B vg cop^{bo}

행 20:1, "바울이 제자들을 불러 권한 후에 작별하고 떠나."

★"제자들을 불러(προσκαλεσάμενος) 작별하고"--Byz A D latt syr
"제자들을 불러(μεταπεμψάμενος) 권한 후에 작별하고"--UBS ℵ B

행 20:4, "아시아까지 함께 가는 자는 베뢰아 사람 부로의 아들."

★"아시아까지 함께 가는 자는"--Byz A (D it^{d}) vg^{mss} arm (geo)
"함께 가는 자는"--UBS ℵ B vg $cop^{sa\ bo}$

★"베뢰아 사람 소바더와"--Byz syr^{p}
"베뢰아 사람 부로의 아들 소바더와"--UBS ℵ A B D vg $cop^{sa\ bo}$ arm geo

행 20:7, "안식 후 첫날에 우리가 떡을 떼려 하여 모였더니."

★"제자들이"--Byz
"우리가"--UBS ℵ A B

행 20:15, "그 이튿날 사모에 들리고 또 그 다음날 밀레도에 이르니."

★"사모에 들리고 트로길리움에 머물고"--Byz D it^{d} syr^{p} (cop^{sa})
"사모에 들리고"--UBS ℵ A B C vg (cop^{bo}) arm geo

행 20:24, "나의 달려갈 길과 주 예수께 받은 사명."

★"나는 그것을 문제로 여기지 않으며 또"--Byz A D^{*}
(생략)--UBS $ℵ^{*}$ B C (syr^{p})

★"기쁨으로"--Byz C
(생략)--UBS ℵ A B D lat syr^{p} cop

행 20:28, "너희는 자기를 위하여 또는 온 양떼를 위하여 삼가라."

★"그러므로 너희는"--Byz C
"너희는"--UBS ℵ A B

★"주 하나님이 자기 피로 사신 교회"--Byz

"하나님이 자기 피로 사신 교회"--UBS ℵ B vg syr^{p} cop^{bo-mss}
"주께서 자기 피로 사신 교회"--A C* D it^{d} cop$^{sa\ bo}$ arm Irenaeus^{lat}

행 20:32, "지금 내가 너희를 주와 및 그 은혜의 말씀께 부탁하노니."

★"형제들아"--Byz C
(생략)--UBS ℵ A B

행 21:8, "이튿날 떠나 가이사랴에 이르러."

★"바울과 함께 한 자들은"--Byz
(생략)--UBS ℵ A B C it vg syr^{p} cop$^{sa\ bo}$ arm

행 21:20, "저희가 듣고 하나님께 영광을 돌리고."

★"주께 영광을"--Byz D vg^{mss} cop^{sa}
"하나님께 영광을"--UBS ℵ A B C vg syr^{p} cop^{bo}

행 21:22, "저희가 필연 그대의 온 것을 들으리니."

★"저희가 그대의 온 것을 들으므로 무리들이 필연 모이리니"--Byz ℵ A D it^{d} vg
"저희가 필연 그대의 온 것을 들으리니"--UBS B C^{*vid} syr$^{(p)}$ cop$^{sa\ bo}$ arm

행 21:25, "음행을 피할 것을 결의하고 편지하였느니라."

★"피할 것 외에는 그런 것을 지키지 않도록 결의하고"--Byz (D*) it^{d} arm geo
"피할 것을 결의하고"--UBS ℵ A B vg (syr^{p}) cop$^{sa\ bo}$

행 22:9, "나와 함께 있는 사람들이 빛은 보면서도 나더러 말하시는 이의 소리는 듣지 못하더라."

★"빛을 보고 두려워했으나"--Byz D cop^{sa}
"빛은 보면서도"--UBS ℵ A B vg syr^{p} cop^{bo} arm

행 23:9, "혹 영이나 혹 천사가 저더러 말하였으면 어찌 하겠느뇨."

★"말하였으면 하나님과 다투지 말자"--Byz cop^{sa}
"말하였으면 어찌 하겠느뇨"--UBS ℵ A B C it vg syr

행 23:11, "그 날 밤에 주께서 바울 곁에 서서 이르시되 담대하라."

★"이르시되 바울아"--Byz vg^{mss}
"이르시되"--UBS ℵ A B C* lat syr cop

행 23:30, "이 사람을 해하려는 간계가 있다고 누가 내게 알게 하기로 . . . 당신 앞에서 그를 대하여 말하라 하였나이다 하였더라."

⋆"간계가"--Byz (syr^{p}) cop^{sa}
"유대인들의 간계가"--UBS ℵ A B (vg) cop^{bo} arm

⋆"안녕히 계시옵소서 하였더라"--Byz ℵ vg^{cl} syr^{p} arm geo
"하였더라"--UBS A B vg$^{ww\ st}$ cop$^{sa\ bo}$

행 24:3, "당신의 선견을 인하여 여러 가지로 개량된 것을."

⋆"유익하고 가치 있는 일들이 이루어진 것을(κατορθωμάτων)"--Byz
"개량된 것을(διορθωμάτων)"--UBS ℵ A B (syr^{p})

행 24:6, "저가 또 성전을 더럽게 하려 하므로 우리가 잡았사오니."

⋆"우리가 잡아 우리의 법에 따라 재판하려 하였으나 천부장 루시아가 우리에게 와서 강압적으로 우리 손에서 그를 취하여갔고 고소자들에게 당신께 오라고 명하였나이다"----TR Byz^{pt} it vg^{cl} syr^{p} arm
(본문)--UBS MT Byz^{pt} ℵ A B vg^{ww} (cop$^{sa\ bo}$)

행 24:15, "곧 의인과 악인의 부활이 있으리라 함이라."

⋆"죽은 자들의 부활이"-- Byz syr^{p}
"부활이"--UBS ℵ A B C cop$^{sa\ bo}$ arm

행 24:20, "내가 공회 앞에 섰을 때 무슨 옳지 않은 것을 보았는가."

⋆"내 안에 무슨"--Byz C vg syr^{p} cop^{bo} arm
"무슨"--UBS ℵ A B cop^{sa}

행 24:23, "친구 중 아무나 수종하는 것을 금치 말라 하니라."

⋆"수종하고 접근하는 것을"--Byz cop^{sa}
"부활이"--UBS ℵ A B C it vg syr cop^{bo}

행 24:26, "바울에게 돈을 받을까 바라는 고로 더 자주 불러."

⋆"돈을 받고 놓아주기를"--Byz cop$^{sa\ bo}$
"돈을 받을까"--UBS ℵ A B C it vg syr

행 25:6, "베스도가 그들 가운데서 8일 혹 10일을 지낸 후."

⋆"10일 이상을"--Byz

(본문)--UBS (א B) A C it vg cop^{bo}

행 25:16, "변명할 기회가 있기 전에 내어주는 것이 로마 사람의 법이."

★"멸하도록 내어주는 것이"--Byz syr^{p} cop^{sa}

"내어주는 것이"--UBS א B A C vg cop^{bo}

행 25:18, "나의 짐작하던 것 같은 악행의 사건은 하나도 제출치 아니."

★"사건은"--Byz arm

"악행의 사건(πονηρῶν)은"--UBS B

"악행의 사건(πονηράν)은"--A C* vg syr^{p}

"악행의 사건(πονηρα)은"--א*

행 27:14, "유라굴로라는 광풍이 대작하니."

★"유로클뤼돈(Εὐροκλύδων)"--Byz syr^{p}

"유라퀼론(Εὐρακύλων)"--UBS א A B* latt ($cop^{sa\ bo}$)

행 27:16, "가우다라는 작은 섬 아래로 지나 간신히 거루를 잡아."

★"클라우덴"--Byz vg^{mss}

"클라우다"--א* A^{vid} $cop^{sa\ bo}$ arm

"카우다"--UBS B $vg^{(st)}$ syr^{p}

행 28:16, "바울은 자기를 지키는 한 군사와 함께 따로 있게."

★"백부장은 죄수들을 시위대장에게 넘겼으나 바울은"--Byz vg^{mss} cop^{sa}

"바울은"--UBS א A B vg syr^{p} cop^{bo} arm geo

행 28:25, "선지자 이사야로 너희 조상들에게 말씀하신 것이 옳도다."

★"우리 조상들에게"--Byz vg $cop^{bo\text{-}ms}$ arm

"너희 조상들에게"--UBS א A B vg^{ms} syr^{p} $cop^{sa\ bo}$ geo

행 28:29, "(없음)"

★"저가 이 말을 마칠 때에 유대인들이 서로 큰 쟁론을 하며 물러가더라"--Byz vg^{cl} arm^{ms}

(생략)--UBS א A B $vg^{ww\ st}$ syr^{p} $cop^{sa\ bo}$ arm geo

바울 서신

롬 1:29, "곧 모든 불의, 추악, 탐욕, 악의가 가득한 자요."

★"곧 모든 불의, 음란, 추악"--Byz (it^{d} vg) syr$^{(p)}$ arm (Origen$^{lat-3/6}$)
(본문)--UBS (ℵ A) B (C) 0172^{vid} (cop$^{sa\ bo-mss}$) (Origen$^{lat-2/6}$)

롬 1:31, "무정한 자요 무자비한 자라."

★"무정한 자요 원통함을 풀지 않는 자요 무자비한 자라"--Byz C vg syr^{p} arm geo Origen$^{lat-1/2}$
(본문)--UBS ℵ* A B it^{d} vg^{mss} cop$^{sa-ms\ bo}$ Origen$^{lat-1/2}$

롬 3:7, "그러나 나의 거짓말로 하나님의 참되심이 더 풍성하여."

★"왜냐하면"--Byz B it^{d} vg syr^{p} cop^{sa} Origen^{lat}
"그러나"--UBS ℵ A vg^{mss} cop^{bo}

롬 3:22, "모든 믿는 자에게 미치는 하나님의 의니 차별이 없느니라."

★"믿는 모든 자에게 그리고 모든 자 위에"--Byz it^{d} vg^{cl} syr^{p} geo Origen$^{lat-1/6}$
(본문)--UBS p^{40} ℵ* A B C cop$^{sa\ bo}$ arm Clement Origen$^{lat-5/6}$

롬 4:11, "저희로 의로 여기심을 얻게 하려 하심이라."

★"저희도"--Byz C it^{d} vg syr^{p} cop^{sa} arm Origen$^{lat-1/3}$
"저희로"--UBS ℵ* A B vg^{ms} cop$^{sa-ms\ bo}$ Origen$^{gr\ lat-2/3}$ geo

롬 4:19, "사라의 태의 죽은 것 같음을 알고도 믿음이 약하여지지."

★"같음을 생각지 않고"--Byz it^{d} vg^{cl} Origen$^{lat-2/3}$ geo
"같음을 알고도"--UBS ℵ A B C vg$^{ww\ st}$ syr^{p} cop$^{sa\ bo\ fay}$ (arm) Origen$^{gr\ lat-1/3}$

롬 5:1, "하나님으로 더불어 화평을 누리자."

★"누리는도다"--Byz^{pt} UBS TR 0220^{vid} vg^{mss} cop^{sa} geo Lect^{AD}
"누리자"--Byz^{pt} ℵ* A B* C it$^{b\ d}$ vg cop^{bo} arm

롬 8:1, "그리스도 예수 안에 있는 자에게는 결코 정죄함이 없나니."

★① "그리스도 예수 안에 있는 자 곧 육신을 좇지 않고 성령을 좇아 행하는 자들에게는"--Byz
② "그리스도 예수 안에 있는 자 곧 육신을 좇지 않는 자들에게는"

-- A vg syr^{p} arm^{ms} ＊ ②는 ①을 약간 지원함.
③ (본문)--UBS ℵ* B it^{d*} cop$^{sa\ bo}$ Origen^{lat}

롬 8:2, "너를 해방하였음이라."

★"나를 해방하였음이라"--Byz A it^{d} vg cop^{sa} arm Clement Origen^{lat} Tertullian$^{1/2}$
(본문)--UBS ℵ B syr^{p} Tertullian$^{1/2}$

롬 8:28, "우리가 알거니와 하나님을 사랑하는 자 곧 그 뜻대로 부르심을 입은 자들에게는 모든 것이 합력하여 선을 이루느니라."

★(본문)--Byz UBS ℵ C it^{d} vg syr^{p} cop^{bo} arm geo Clement Origen$^{gr\ lat}$
"하나님이 모든 것을 합하여 선을 이루시느니라"--p^{46} A B cop^{sa}

롬 8:35, "누가 우리를 그리스도의 사랑에서 끊으리요?"

★"그리스도의 사랑에서"--UBS Byz A C vg syr^{p} cop^{bo} arm Origen$^{gr\ lat-3/11}$
"하나님의 사랑에서"--ℵ cop^{sa} Origen^{gr-mss}
"그리스도 예수 안에 있는 하나님의 사랑에서"--B Origen$^{lat-4(1)/11}$

롬 9:28, "주께서 땅 위에서 그 말씀을 이루사 필하시고 끝내시리라 하셨느니라."

★"이는 그가 일을 이루시고 공의로 단축하시리니 이는 주께서 단축된 일을 땅 위에서 행하실 것임이니라"--Byz it^{d} vg arm geo Origen^{lat}
(본문)--UBS p^{46} ℵ* A B syr^{p} cop$^{sa\ bo}$

롬 9:31, "의의 법을 좇아간 이스라엘은 법에 이르지 못하였으니."

★"의의 법을 좇아간 이스라엘은 의의 법에 이르지 못하였으니"--Byz lat syr
(본문)--UBS p^{46vid} ℵ* A B cop

롬 9:32, "저희가 믿음에 의지하지 않고 행위에 의지함이라."

★"의의 행위에"--Byz lat syr
"행위에"--UBS p^{46vid} ℵ* A B cop

롬 10:17, "들음은 그리스도의 말씀으로 말미암았느니라."

★"하나님의 말씀으로"--Byz A syr^{p} Clement
(본문)--UBS p^{46vid} א* B C^{vid} it^{d} cop$^{sa\ bo}$ arm Origen^{lat}

롬 14:4, "저를 세우시는 권능이 주께 있음이니라."

★"하나님께"--Byz it^{d} vg Origen^{lat} Cyprian
"주께"--UBS p^{46} א A B C (syr^{p}) cop$^{sa\ bo}$ arm

롬 14:6, "먹는 자도 주를 위하여 먹으니 이는 하나님께 감사함이요."

★"날을 중히 여기지 않는 자도 주를 위하여 중히 여기지 않고"--Byz syr
(위의 구절 생략)--UBS א A B it vg

롬 14:10, "우리가 다 하나님의 심판대 앞에 서리라."

★"우리가 다 그리스도의 심판대 앞에 서리라"--Byz 048 vg^{cl} syr^{p} arm^{ms} geo Polycarp Origen$^{lat-1/6}$ Cyprian
(본문)--UBS א* A B C it^{d} vg^{ww} cop$^{sa\ bo}$ arm^{ms} Origen$^{lat-5/6}$

롬 14:19, "서로 덕을 세우는 일을 힘쓰나니."

★"힘쓰자"--UBS Byz C it^{d} vg cop$^{sa\ bo}$ arm Origen^{lat}
(본문)--א A B 048

롬 14:21, "형제로 거리끼게 하는 일을 아니함이 아름다우니라."

★"거리끼게 하거나 마음을 상하게 하거나 약하게 하는"--Byz B it^{d} vg cop^{sa} arm
"거리끼게 하는"--UBS א* A C 048 syr^{p} cop^{bo} Origen$^{gr\ lat}$

롬 15:23, "여러 해 전부터 언제든지 서바나로 갈 때에 너희에게 가려는 원이 있었으니."

★"여러 해 전부터 너희에게 가려는 원이 있었으니 언제든지 서바나로 갈 때에 너희에게 가리라"-- Byz
(본문)--UBS p^{46} א* A B C it^{d} vg syr^{p} cop$^{sa\ bo}$ arm Origen^{lat}

롬 15:29, "그리스도의 충만한 축복을 가지고 갈 줄을 아노라."

★"그리스도의 복음의 충만한 축복을 가지고"--Byz vg^{cl} syr^{p}
(본문)--UBS p^{46} א* A B C it^{d} vg^{ww} cop$^{sa\ bo}$ Clement Origen^{lat}

롬 16:5, "저는 아시아에서 그리스도께 처음 익은 열매니라."

★"저는 아가야에서 그리스도께 처음 익은 열매니라"--Byz syr

(본문)--Nestle[27] p[46] ℵ A B C D* latt

롬 16:16, "그리스도의 모든 교회가 다 너희에게 문안하느니라."

★"그리스도의 교회가 너희에게"--Byz
"그리스도의 모든 교회가 다 너희에게"--UBS p[46] ℵ A B

롬 16:24, (없음)

★"우리 주 예수 그리스도의 은혜가 너희 모든 이에게 있을지어다. 아멘"--Byz it[d] vg[cl]
(생략)--UBS p[46] ℵ A B C vg[ww] cop[sa bo] Origen[lat]

롬 16:25-27, "나의 복음과 예수 그리스도를 전파함은 영세전부터 감취었다가 이제는 나타내신 바 되었으며 영원하신 하나님의 명을 좇아 선지자들의 글로 말미암아 모든 민족으로 믿어 순종케 하시려고 알게 하신 바 그 비밀의 계시를 좇아 된 것이니 이 복음으로 너희를 능히 견고케 하실 지혜로우신 하나님께 예수 그리스도로 말미암아 영광이 세세무궁토록 있을지어다. 아멘."

★14:23 후에--Byz vg[mss]
(한글 본문)--UBS ℵ B C vg syr[p] cop[sa bo] Origen[lat]
15:33 후에--p[46]

고전 3:3, "너희 가운데 시기와 분쟁이 있으니."

★"시기와 분쟁과 분열들"--Byz p[46] syr[p] Irenaeus (Origen[lat-1/4]) Cyprian
"시기와 분쟁"--UBS ℵ A B C vg cop[sa bo fay] arm Clement Origen[gr (lat-3/4)]

고전 3:4, "너희가 사람이 아니리요?"

★"육신에 속한 자들이"--Byz syr
"사람이"--UBS p[46] ℵ* A B C

고전 4:6, "기록한 말씀 밖에 넘어가지 말라 한 것을."

★"기록된 것 밖에"--Byz
"기록된 것들 밖에"--UBS p[46] ℵ A B C Origen

★"기록된 것 이상으로 생각하지 말라"--Byz C[vid] vg[ms] syr
"기록된 것들 밖에 넘어가지 말라"--UBS p[46] ℵ* A B lat cop

고전 5:4-5, “주 예수의 이름으로 너희가 내 영과 함께 모여서 우리 주 예수의 능력으로 이런 자를 사단에게 내어주었으니.”

⋆“우리 주 예수의 이름으로”--Byz p^{46} B it^{d} vg syr^{p} cop$^{sa\ bo}$ arm
“주 예수의 이름으로”--UBS ℵ A

⋆“예수 그리스도의 이름으로”--Byz p^{46} ℵ vg syr^{p} cop$^{sa\ bo}$
“예수의 이름으로”--UBS A B D*

⋆“우리 주 예수 그리스도의 능력으로”--Byz
“우리 주 예수의 능력으로”--UBS p^{46} ℵ A B

고전 5:5, “. . . 영은 주 예수의 날에 구원 얻게 하려 함이라.”

⋆“주 예수의 날에”--Byz ℵ vgst Orien$^{lat-2/9}$
“주의 날에”--UBS p^{46} B Orien$^{gr-6/7\ lat-4/9}$ Tertullian
“우리 주 예수 그리스도의 날에”--A vg^{cl} syr^{p} cop$^{sa\ bo}$ arm Origen$^{lat-3/9}$
“주 예수 그리스도의 날에”--it^{d} Orien$^{gr-1/7}$

고전 5:7, “우리의 유월절 양 곧 그리스도께서 희생이 되셨느니라.”

⋆“우리를 위해 희생이”--Byz syr cop$^{sa\ bo-ms}$
“희생이”--UBS p^{46vid} ℵ* A B C* it vg cop^{bo} Clement

고전 6:20, “그런즉 너희 몸으로 하나님께 영광을 돌리라.”

⋆“하나님의 것인 너희 몸과 너희 영으로”--Byz vg^{ms} syr^{p} arm
(본문)--UBS p^{46} ℵ A B C* vg cop$^{sa\ bo}$ Irenaeus^{lat} Origen Tertullian Cyprian

고전 7:5, “다만 기도할 틈을 얻기 위하여”

⋆“금식과 기도에 전념하기 위하여”--Byz syr^{p} Origen$^{lat\ 1/6}$
(본문)--UBS p^{46} ℵ* A B C it^{d} vg cop$^{sa\ bo}$ Clement Origen$^{gr\ lat-5/6}$ Tertullian Cyprian

고전 7:14, “믿지 아니하는 아내가 남편으로 인하여 거룩하게 되나니.”

⋆“남편으로 인하여”--Byz arm geo
“형제로 인하여”--UBS p^{46} ℵ* A B C it^{d} cop$^{sa\ bo\ fay}$
“믿는 남편으로 인하여”--vg syr^{p} Irenaeus^{lat} Tertullian

고전 7:15, “그러나 하나님은 화평 중에서 너희를 부르셨느니라.”

★"우리를"--Byz p[46] B it vg syr cop[sa]
"너희를"--UBS ℵ* A C cop[bo]

고전 7:33-34, "마음이 나누이며 시집가지 않은 자와 처녀는."

★"마음이 나누이며 아내와 처녀 사이에도 차이가 있느느라"--Byz it[(d)] (vg[mss] syr[p] Tertullian)
"마음이 나누이며"--UBS p[15] B vg cop[sa bo-pt]

고전 7:39, "아내가 그 남편이 살 동안에 매여 있다가."

★"법으로 매여 있다가"--Byz vg[cl] syr
"매여 있다가"--UBS p[15vid 46] ℵ* A B lat cop[sa-mss] Tertullian Cyprian Clement

고전 8:7, "우상에 대한 습관이 있어"

★"우상의 생각을 가지고"--Byz it[d] vg syr[p] arm geo
(본문)--UBS ℵ* A B cop[sa bo fay]

고전 9:20, "내가 율법 아래 있지 아니하나 율법 아래 있는 자같이 된 것은 율법 아래 있는 자들을 얻고자 함이요."

★(생략)--Byz p[46] syr[p] geo Origen[1/2]
"내가 율법 아래 있지 아니하나"--UBS ℵ A B C it[d] vg cop[sa bo] arm Origen[1/2]

고전 10:9, "우리는 저희와 같이 시험하지 말자."

★"그리스도를 시험하지 말자"--UBS Byz p[46] vg syr[p] Irenaeus[lat] cop[sa bo]
"주를 시험하지 말자"--ℵ B C arm
"하나님을 시험하지 말자"--A

고전 10:28, (없음)

★"이는 땅과 거기 충만한 것이 주의 것임이니라"--Byz
(생략)--UBS ℵ A B C* it[d] vg syr[p] cop[sa bo] arm

고전 11:11, "그러나 주 안에는 남자 없이 여자만 있지 않고 여자 없이 남자만 있지 아니하니라."

★"남자는 여자 없이 있지 않고 여자는 남자 없이"--Byz
"남자 없이 여자만 있지 않고 여자 없이 남자만"--UBS p[46] ℵ A

B C

고전 11:24, "축사하시고 떼어 가라사대 이것은 너희를 위하는 내 몸이니 이것을 행하여 나를 기념하라 하시고."

⋆"떼어 가라사대 받아 먹으라"--Byz vg^{cl} syr^{p} arm
(본문)--UBS p^{46} ℵ A B C^{*} it^{d} $vg^{ww\ st}$ $cop^{sa\ bo}$ Cyprian

⋆"이것은 너희를 위하여 찢는 내 몸이니"--Byz it^{d} syr^{p} (arm) geo
(본문)--UBS p^{46} $ℵ^{*}$ A B C^{*} vg^{st} Cyprian

고전 11:29, "주의 몸을 분변치 못하고 먹고 마시는 자는."

⋆"주의 몸을 분변치 못하고 합당치 않게 먹고 마시는 자는"--Byz it^{d} vg syr^{p} arm
(본문)--UBS p^{46} $ℵ^{*}$ A B C^{*} cop

고전 12:31, "너희는 더욱 큰 은사를 사모하라."

⋆"더 유익한 은사"--Byz it vg^{cl} cop^{bo-mss} Origen
"더 큰 은사"--UBS p^{46} ℵ A B C vg^{st} cop

고전 13:3, "내 몸을 불사르게 내어줄지라도 사랑이 없으면."

⋆"불사르게 내어줄지라도"--Byz (C) it^{d} vg ($syr^{p\ h}$) $Origen^{lat}$ Tertullian Cyprian
"내어주어 자랑할지라도"--UBS p^{46} ℵ A B $cop^{sa\ bo}$ Origen

고전 14:34, "여자는 교회에서 잠잠하라."

⋆"너희의 아내들은"--Byz syr Cyprian
"여자는"--UBS ℵ A B lat cop

고전 15:31, "형제들아, 내가 그리스도 예수 우리 주 안에서 가진 바."

⋆('형제들아'-생략)--Byz p^{46} it^{d} $Origen^{2/3}$
"형제들아"--UBS ℵ A B vg $syr^{(p)}$ ($cop^{sa\ bo\ fay}$) arm $Origen^{1/3}$

고전 15:47, "둘째 사람은 하늘에서 나셨느니라."

⋆"둘째 사람 곧 주(主)는"--Byz A syr^{p} arm $Origen^{gr-1/2}$
(본문)--UBS $ℵ^{*}$ B C it^{d} vg $cop^{(sa)\ bo}$ $Origen^{gr-1/2\ lat}$ Tertullian Cyprian

고전 15:49, "또한 하늘에 속한 자의 형상을 입으리라."

⋆"입자"(φορέσωμεν)--Byz p^{46} ℵ A C it^{d} vg cop^{bo} $Irenaeus^{lat}$

Clement Origen$^{gr\ lat}$ Tertullian Cyprian
"입으리라"(φορέσομεν)--UBS TR B cop^{sa} KJV, NASB, NIV

고전 15:50, "혈과 육은 하나님 나라를 유업으로 받을 수 없고."

⋆δύνανται(현재 3인칭 복수)--Byz A C lat syr^{p} Irenaeus$^{gr\ lat-pt}$ Clement^{pt}
δύναται(현대 3인칭 단수)--UBS ℵ B cop^{sa} Clement^{pt} Origen

고전 15:54, "사망이 이김의 삼킨 바 되리라고 기록된 말씀이 응하리라."

⋆νῖκος(이김)(2번)--UBS Byz ℵ C vg syr$^{(p)}$ arm
νεῖκος(다툼)--p^{46} B

고전 15:55, "사망아, 너의 이기는 것이 어디 있느냐? 사망아, 너의 쏘는 것이 어디 있느냐?"

⋆"죽음아, 너의 쏘는 것이 어디 있느냐? 음부[무덤]야, 너의 이기는 것이 어디 있느냐?"--Byz syr$^{(p)}$ Origen$^{gr-1/2}$
(본문)--UBS p^{46} ℵ* B C

고전 16:22, "만일 누구든지 주를 사랑하지 아니하거든."

⋆"주 예수 그리스도를"--Byz
"주를"--UBS ℵ A B C

고전 16:24, "〔아멘〕."

⋆"아멘"--Byz ℵ A C it^{d} vg cop^{bo} arm
(생략)--UBS B vg^{mss} syr^{p} cop$^{sa\ bo-mss}$

고후 2:16, "이 사람에게는 사망으로 좇아 사망에 이르는 냄새요 저 사람에게는 생명으로 좇아 생명에 이르는 냄새라."

⋆"사망에 이르는 사망의 냄새 . . . 생명에 이르는 생명의 냄새"--Byz it vg syr Irenaeus^{lat}
(본문)--UBS p^{46} ℵ A B C Clement

고후 5:17, "보라, 새것이 되었도다."

⋆"보라, 모든 것이 새롭게 되었도다"--Byz vg^{cl} arm Origen
(본문)--UBS p^{46} ℵ B C it^{d} syr$^{(p)}$ cop Clement

고후 6:16, "우리는 살아 계신 하나님의 성전이라."

⋆"너희는 살아 계신 하나님의 성전"--Byz p^{46} C

"우리는 살아 계신 하나님의 성전"--UBS ℵ B

고후 11:3, "그리스도를 향하는 진실함과 깨끗함에서 떠나."

★"그리스도를 향하는 진실함에서 떠나"--Byz vg syr^{P} arm geo Clement Origen^{lat}

(본문)--UBS p^{46} ℵ* B vg^{mss} cop$^{sa\ bo}$

고후 13:13, "〔아멘〕."

★"아멘"--Byz it vg syr cop^{bo}

(생략)--UBS p^{46} ℵ* A B cop$^{sa\ bo\text{-}ms}$

갈 1:4, "우리 죄를 위하여."

★περί--Byz p^{46} ℵ* A

ὑπέρ--UBS p^{51} B

갈 1:11, "형제들아, 내가 너희에게 알게 하노니."

★"그러나"--Byz p^{46} ℵ* A vg^{ms} syr^{p} cop^{bo} Origen^{lat}

"왜냐하면"--UBS B it^{d} vg cop^{sa}

갈 1:15, "나를 택정하시고 은혜로 나를 부르신 이가."

★"하나님께서"--Byz ℵ A cop arm Irenaeus$^{lat\text{-}1/2}$ Origen$^{gr\ lat}$

"이가"--UBS p^{46} B it vg syr^{p} Irenaeus$^{lat\text{-}1/2}$

갈 1:18, "내가 게바를 심방하려고."

★"베드로"--Byz latt

"게바"--UBS Nestle^{27} p$^{46\ 51}$ ℵ* A B cop

갈 2:11, "게바가 안디옥에 이르렀을 때에."

★"베드로"--Byz it vg^{mss}

"게바"--UBS ℵ A B C vg Clement

갈 2:14, "게바에게 이르되."

★"베드로"--Byz it vg^{mss}

"게바"--UBS p^{46} ℵ A B C vg cop

갈 3:1, "누가 너희를 꾀더냐?"

★"누가 너희를 꾀어 진리를 복종치 못하게 하더냐?"--Byz C vg^{cl}

(본문)--UBS ℵ A B it vg syr^{p} cop

갈 3:17, "하나님이 미리 정하신 언약을."

★"하나님이 그리스도 안에서"--Byz it^{d} vg^{mss} syr^{p} arm
(본문)--UBS p^{46} ℵ A B C vg cop

갈 4:7, "아들이면 하나님으로 말미암아 유업을 이을 자니라."

★"그리스도로 말미암은 하나님의 상속자"--Byz it^{d} (syr^{p})
(본문)--UBS p^{46} ℵ* A B C* vg cop^{bo} Clement

갈 4:14, "너희를 시험하는 것이 내 육체에 있으되 이것을."

★"내 육체에 있는 나의 시험거리를"--Byz p^{46} C^{*vid} vg^{ms} cop$^{sa\ bo\text{-}ms}$
(본문)--UBS ℵ* A B it^{d} vg cop^{bo} Origen

갈 5:19, "육체의 일은 현저하니 곧 음행과 더러운 것과."

★"곧 간음과 음행과 더러운 것과"--Byz (Irenaeus^{lat} Cyprian)
(본문)--UBS ℵ* A B C vg syr^{p} cop$^{sa\ bo}$ Clement

갈 5:21, "투기와 술취함과."

★"투기와 살인과 술취함과"--Byz A C it^{d} vg syr$^{(p)}$ cop^{bo} arm (Cyprian)
(본문)--UBS p^{46} ℵ B vg^{mss} cop^{sa} Irenaeus^{lat} Clement Origen^{lat}

갈 6:15, "할례나 무할례가 아무것도 아니로되."

★"그리스도 예수 안에서 할례"--Byz ℵ A C it^{d} vg cop$^{sa\text{-}mss\ bo\ fay}$ arm^{mss}
"할례"--UBS p^{46} B (syr^{p}) cop$^{sa\text{-}mss}$ arm^{mss}

★"아무 유익이 없으되"--Byz lat arm^{mss}
"할례나 무할례"--UBS p^{46} ℵ* A B C syr^{p} cop

엡 1:1, "에베소에 있는 성도들과."

★(본문)--[UBS] Byz A it^{d} vg syr cop arm
"성도들과"--p^{46} ℵ* B* Origen^{vid}

엡 1:14, "이는 우리의 기업에 보증이 되사."

★ὅς--Byz ℵ vg
ὅ--UBS p^{46} A B it^{d} syr^{p} Irenaeus^{lat}

엡 1:15, "모든 성도를 향한 사랑을."

★(본문)--UBS Byz it^{d} vg cop$^{(sa)}$ arm

"모든 성도를 향한 것"--p46 ℵ* B Origen

엡 1:18, "너희 마음 눈을 밝히사."

★(본문)--[UBS] Byz ℵ A itd vg syrp copsa bo

"마음 눈을 밝히사"--p46 B arm Origen

엡 2:5, "함께 일으키사 그리스도 예수 안에서 함께 하늘에 앉히시니."

★τῷ Χριστῷ--Byz UBS ℵ A itd vgww Clement

σὺν τῷ Χριστῷ--syrp (Origenlat)

ἐν τῷ Χριστῷ--p46 B vgcl copsa bo arm geo

엡 2:17, "가까운 데 있는 자들에게 평안을 전하셨으니."

★"전하셨으니"--Byz

"평안을 전하셨으니"--UBS p46 ℵ A B latt cop

엡 3:9, "비밀의 경륜이 어떠한 것을 드러내게 하려 하심이라."

★"모든 사람이 알게 하려"--[UBS] Byz p46 B C vg syrp copsa bo arm

"드러내게 하려"--ℵ* A

엡 3:13, "이는 너희의 영광이니라."

★(본문)--UBS Byz ℵ A B itd vg syrp cop arm Origen

"이는 우리의 영광이니라"--p46 C

엡 3:15, "이름을 주신 아버지 앞에."

★"이름을 주신 우리 주 예수 그리스도의 아버지 앞에"--Byz itd vg syrp arm Origenlat

(본문)--UBS p46 ℵ* A B C cop Origen

엡 3:19, "모든 충만하신 것으로 너희에게 충만하게 하시기를 구하노라."

★(본문)--Byz UBS ℵ A C itd vg syrp copbo arm geo Origenlat

"모든 충만하심이 충만하도록"--p46 B copsa

엡 4:6, "만유 가운데 계시도다."

★"우리 모두 가운데 계시도다"--Byz itd vg syrp arm Irenaeusgr lat

"만유 가운데 계시도다"--UBS p46 ℵ A B copsa bo Origengr lat

엡 5:2, "그리스도께서 너희를 사랑하신 것같이 너희도 사랑 가운데서 행하라."

★"그리스도께서 우리를 사랑하신"--UBS Byz p^{46} it^{d} vg syr^{p} arm Clement$^{1/2}$
"그리스도께서 너희를 사랑하신"--ℵ* A B vg^{ms} $cop^{sa\ bo}$ Clement$^{1/2}$

엡 5:9, "빛의 열매는 모든 착함과 의로움과 진실함에 있느니라."

★"성령의 열매"--Byz p^{46}
"빛의 열매"--UBS p^{49} ℵ A B it^{d} vg syr^{p} $cop^{sa\ bo}$ arm Origen

엡 5:30, "우리는 그 몸의 지체임이니라."

★"우리는 그 몸과 살과 뼈의 지체임이니라"--Byz it^{d} vg $syr^{(p)}$ arm Irenaeus
(본문)--UBS p^{46} ℵ* A B $cop^{sa\ bo}$ Origen^{lat}

엡 6:1, "주 안에서 순종하라."

★(본문)--[UBS] Byz p^{46} ℵ A vg syr^{p} $cop^{sa\ bo}$ arm Origen
"순종하라"--B it^{d}

엡 6:12, "우리의 씨름은."

★(본문)--UBS Byz ℵ A vg $cop^{sa\text{-}mss\ bo}$ arm geo Irenaeus^{lat} Clement Origen$^{gr\ lat20/23}$
"너희의 씨름은"--p^{46} B it^{d} vg^{ms} syr^{p} Origen$^{lat1/23}$

엡 6:19, "복음의 비밀을 담대히 알리게."

★(본문)--UBS Byz ℵ A it^{d} vg syr^{p} $cop^{sa\ bo}$ arm Origen
"비밀을 담대히 알리게"--B

엡 6:20, "이 일에 당연히 할 말을."

★ἐν αὐτῷ(그[=복음] 안에서)--UBS Byz (ℵ)A it^{d} vg ($cop^{sa\ bo}$) arm
αὐτο(그 동일한 것을)--p^{46} B syr^{p}

엡 6:24, "〔아멘〕."

★"아멘"--Byz it^{d} $vg^{cl\ ww}$ syr^{p} $cop^{bo\text{-}pt}$ arm
(생략)--UBS p^{46} ℵ* A B vg^{st} $cop^{sa\ bo\text{-}pt}$ Origen

빌 1:14, "겁 없이 하나님의 말씀을 더욱 담대히 말하게 되었느니라."

★"말씀을"--Byz p^{46}

"하나님의 말씀을"--UBS ℵ A B it$^{(d)}$ vg syr^{p} cop arm Clement

빌 2:5, "너희 안에 이 마음을 품으라."

⋆"왜냐하면"--Byz p^{46} it^{d} vg syr$^{(p)}$

(생략)--UBS ℵ* A B C vg^{mss} cop$^{sa\ bo}$ arm geo Origen

⋆"이 마음이 너희 속에 있게 하라"--Byz Origen

"너희는 이 마음을 너희 속에 품으라"--UBS p^{46} ℵ A B C* latt syr

빌 3:16, "오직 우리가 어디까지 이르렀든지 그대로 행할 것이라."

⋆"같은 규칙으로 행하고 같은 생각을 가지자"--Byz (D* it^{d} vg) syr$^{(p)}$ (arm)

"그대로 행할 것이라"--UBS p$^{16,\ 46}$ ℵ* A B cop$^{sa\ bo}$

빌 4:13, "내게 능력 주시는 자 안에서 내가 모든 것을 할 수 있느니라."

⋆"내게 능력 주시는 그리스도 안에서"--Byz syr^{p} Origen$^{(gr)\ lat}$

(본문)--UBS ℵ* A B D* it^{d} vg cop$^{sa\ bo}$ arm Clement

빌 4:23, "주 예수 그리스도의 은혜가 너희 심령에 있을지어다."

⋆"있을지어다. 아멘"--Byz p^{46} ℵ A it^{d} vg syr^{p} cop^{bo} arm

"있을지어다"--UBS B cop^{sa}

골 1:2, "우리 아버지 하나님으로부터 은혜와 평강이 너희에게."

⋆"우리 아버지 하나님과 주 예수 그리스도께로부터"--Byz ℵ A C vg^{cl} (cop^{bo}) arm^{mss}

(본문)--UBS B it^{d} vg$^{ww\ st}$ syr^{p} cop^{sa} arm^{mss} Origen^{lat}

골 1:7, "그는 너희를 위하여 그리스도의 신실한 일꾼이요."

⋆"너희를 위하여"--UBS Byz C it^{d} vg syr^{p} cop$^{sa\ bo}$ arm

"우리를 위하여"--p^{46} ℵ* A B

골 2:2, "하나님의 비밀인 그리스도를 깨닫게 하려 함이라."

⋆① τοῦ Θεοῦ καὶ πατρὸς καὶ τοῦ Χριστοῦ--Byz Lect

② τοῦ Θεοῦ πατρὸς καὶ τοῦ Χριστοῦ--syr^{p} (vg^{cl})

③ τοῦ Θεοῦ πατρὸς τοῦ Χριστοῦ--(ℵ*) A C (048) (vg$^{ww\ st}$ cop^{sa-mss}) cop^{bo} * ②③은 ①을 지원함.

④ τοῦ Θεοῦ, Χριστοῦ--UBS p^{46} B vg^{ms}

골 2:11, "육적 몸을 벗는 것이요."

★"육신의 죄의 몸을 벗는 것이요"--Byz syr
(본문)--UBS p^{46} $\aleph^{*}$ A B C lat cop Clement

골 2:18, "저가 그 본 것을 의지하여 그 육체의 마음을 좇아 헛되이."

★"보지 못한 것들 안으로 들어가"--Byz C vg arm geo $Origen^{gr-ms}$ $Origen^{lat1/3}$
"그 본 것을 의지하여"--UBS p^{46} $\aleph^{*}$ A B it^{d} vg^{mss} $cop^{sa\ bo}$ $Origen^{gr}$ $Origen^{lat2/3}$

골 3:6, "하나님의 진노가 임하느니라."

★"불순종의 아들들에게"--[UBS] Byz $\aleph$ A C it^{d} vg syr^{p} cop^{bo} arm
(생략)--p^{46} B cop^{sa} Cyprian

골 3:13, "주께서 너희를 용서하신 것과 같이."

★"그리스도께서"--Byz C syr^{p} $cop^{sa\ bo}$ Clement
"주께서"--UBS p^{46} A B it^{d} vg
"하나님께서"--$\aleph^{*}$ vg^{mss}

골 3:15, "그리스도의 평강이 너희 마음을 주장하게 하라."

★"하나님의 평강이"--Byz vg^{mss}
"그리스도의 평강이"--UBS p^{46} $\aleph^{*}$ A B C^{*} lat syr cop Clement

골 3:16, "하나님을 찬양하고."

★"주를 찬양하고"--Byz vg^{mss} cop^{bo-mss}
(본문)--UBS p^{46} $\aleph$ A B C^{*} it^{d} vg syr^{p} $cop^{sa\ bo}$ arm Clement

골 3:22, "주를 두려워하여."

★"하나님을 두려워하여"--Byz p^{46} it^{d} vg^{cl}
(본문)--UBS $\aleph^{*}$ A B C $vg^{st\ ww}$ syr^{p} cop Clement

골 4:8, "너희로 우리 사정을 알게 하고."

★"그로 너희 사정을"--Byz p^{46} C vg syr^{p} $cop^{sa-mss\ bo}$ geo
"너희로 우리 사정을"--UBS A B it^{d} cop^{sa-mss} arm

골 4:12, "그리스도 예수의 종인 너희에게서 온 에바브라가."

★"그리스도의 종"--Byz p^{46} it^{d} vg^{mss} syr^{p}
"그리스도 예수의 종"--UBS $\aleph$ A B C vg cop^{bo} arm

골 4:12, "하나님의 모든 뜻 가운데서 완전하고 확신있게 서기를."

★"완전하고 온전하게"(πεπληρωμένοι)--Byz p^{46} syr

"완전하고 확신있게"(πεπληροφορημένοι)--UBS א A B C

골 4:15, "눔바와 그 여자의 집에 있는 교회에."

★"그의 집에"--Byz syr^{p}

"그 여자의 집에"--UBS B cop^{sa}

골 4:18, "〔아멘〕."

★"아멘"--Byz it^{d} vg syr^{p} cop^{bo-pt} arm geo

(생략)--UBS א* A B C vg^{mss} cop$^{sa\ bo-pt}$

살전 1:1, "은혜와 평강이 너희에게 있을지어다."

★"하나님 우리 아버지와 주 예수 그리스도로부터"--Byz א A (D it^{d}) vg^{mss} (cop^{bo})

(생략)--UBS B vg syr^{p} cop$^{sa\ fay}$ arm Origen^{lat}

살전 2:7, "너희 가운데서 유순한 자 되어 유모가 자기 자녀를."

★"유순한 자"(ἤπιοι)--Byz A vgst (syr^{p}) cop$^{sa-ms\ fay}$ arm Clement Origen$^{2/3}$

"어린아이"(νήπιοι)--UBS p^{65} א* B C* it^{d} vg$^{cl\ ww}$ cop$^{sa-ms\ bo}$ Origen$^{(gr\ 1/2)\ lat}$

살전 2:15, "유대인은 주 예수와 선지자들을 죽이고."

★"그들 자신의 선지자들을"--Byz syr^{p} Tertullian

"선지자들을"--UBS א A B it^{d} vg cop$^{sa\ bo\ fay}$ arm Origen$^{gr\ lat}$ Tertullian

살전 3:2a, "하나님의 일꾼인 디모데를."

★"하나님의 일꾼이요 우리의 동역자인"--Byz syr^{p}

"하나님의 동역자인"--UBS (B) it^{d} vg^{ms}

"하나님의 일꾼인"--א A vg cop$^{sa\ bo\ fay}$

살전 3:2b, "너희 믿음에 대하여 위로함으로."

★"너희를 위로함으로"--Byz vg^{ms} syr^{p}

"위로함으로"--UBS א A B lat

살전 4:1, "곧 너희 행하는 바라. 더욱 많이 힘쓰라."

★(생략)--Byz syr^{p}
"곧 너희 행하는 바라"--UBS ℵ A B it^{d} vg cop$^{sa\ bo}$ arm

살전 5:27, "모든 형제에게 이 편지를 읽어 들리라."

★"모든 거룩한 형제에게"--Byz p^{46vid} A vg syr^{p} cop^{bo} arm
"모든 형제에게"--UBS ℵ* B it cop^{sa}

살전 5:28, "〔아멘〕."

★"아멘"--Byz ℵ A vg syr^{p} cop^{bo} arm geo
(생략)--UBS B it^{d} vg^{mss} cop^{sa}

살후 1:2, "하나님 아버지와."

★"하나님 우리 아버지와"--[UBS] Byz ℵ A vg syr^{p} cop^{sa-mss} arm Origen^{lat}
"하나님 아버지와"--B it^{d}

살후 2:2, "주의 날이 이르렀다고 쉬 동심하거나."

★"그리스도의 날"--Byz
"주의 날"--UBS ℵ A B latt syr cop Origen

살후 2:3, "저 불법의 사람 곧 멸망의 아들이."

★"죄의 사람"--Byz A it^{d} vg syr^{p} Irenaeus^{lat} Origen$^{gr\ 6/7}$ Tertullian
"불법의 사람"--UBS ℵ B cop$^{sa\ bo}$ arm Origen$^{gr\ 1/7}$

살후 2:4, "하나님의 성전에 앉아 자기를 보여 하나님이라 하느니라."

★"하나님의 성전에 하나님처럼 앉아"--Byz syr^{p} Irenaeus^{arm}
"하나님의 성전에 앉아"--UBS ℵ A B it^{d} vg cop$^{sa\ bo}$ arm Irenaeus Origen$^{gr\ lat}$ Tertullian

살후 2:8, "주 예수께서 그 입의 기운으로 저를 죽이시고."

★"주께서"--Byz B cop^{bo-ms} Irenaeus^{gr}
"주 예수께서"--UBS ℵ A it^{d} vg syr^{p} cop$^{sa\ bo}$ arm Irenaeus^{lat} Origen$^{gr\ 3/4\ lat}$ Tertullian

살후 3:4, "너희가 행하고 또 행할 줄을 우리가 주 안에서 확신하노니."

★"행하고 있을 뿐만 아니라 또한 앞으로도 행할 줄을"--Byz (B) vg (cop^{sa})

"행하고 또 행할 줄을"--UBS ℵ* A it^d vg^mss

살후 3:18, "〔아멘〕."

★"아멘"--Byz A it^d vg syr^p cop^bo arm geo

(생략)--UBS ℵ* B vg^mss cop^sa bo-mss

딤전 1:17, "홀로 하나이신 하나님께 존귀와 영광이 세세토록."

★"지혜로우신 하나님께"--Byz

"하나님께"--UBS ℵ* A lat syr^p cop

딤전 2:3, "이것이 우리 구주 하나님 앞에 선하고 받으실 만한 것이니."

★"이는 이것이"--Byz latt syr

"이것이"--UBS ℵ* cop

딤전 3:3, "오직 관용하며"

★"더러운 이를 탐하지 아니하며 오직 관용하며"--M

"오직 관용하며"--UBS ℵ A

딤전 3:16, "그는 육신으로 나타난 바 되시고."

★"하나님은"(Θεὸς)--Byz vg^ms Ignatius

"그는"(Ὃς)--UBS ℵ* A* C* Origen^lat

"그는"(ὅ)--D* it^d vg

딤전 4:10, "이를 위하여 우리가 수고하고 진력하는 것은."

★"모욕을 당하는"(ὀνειδιζόμεθα)--Byz it^d vg syr^p cop^sa bo arm

"진력하는"(ἀγωνιζόμεθα)--UBS ℵ* A C

딤전 4:12, "사랑과 믿음과"

★"사랑과 심령과 믿음과"--Byz

(본문)--Nestle^27 ℵ A C latt syr cop Clement

딤전 6:5, "다툼이 일어나느니라."

★"다툼이 일어나느니라. 그런 자들로부터 떠나라"--Byz vg^mss syr^p arm Irenaeus Cyprian

"다툼이 일어나느니라"--UBS ℵ A it^d vg cop^sa bo

딤전 6:7, "또한 아무것도 가지고 가지 못하리니."

★"또한 분명히 아무것도 가지고"--Byz vg syr^p

"또한 아무것도 가지고"--UBS ℵ* A

딤전 6:17, "후히 주사 누리게 하시는 하나님께 두며."

★"살아계신 하나님께"--Byz it^{d} vg^{cl} syr^{p} cop^{bo-ms} geo
"하나님께"--UBS א A I vg$^{ww\ st}$ (vg^{mss} arm Origen)

딤전 6:19, "좋은 터를 쌓아 참된 생명을 취하는 것이니라.

★"영원한 생명을"--Byz vg^{ms} cop^{bo-ms}
"참된 생명을"--UBS א A it^{d} vg syr^{p} cop$^{sa\ bo}$ arm Origen^{lat}

딤전 6:21, "은혜가 너희와 함께 있을지어다."

★"너와 함께 있을지어다. 아멘"--Byz vg$^{cl\ ww}$ syr^{p} cop^{bo-mss} arm^{ms}
"너와 함께 있을지어다"--048^{vid} it^{d} vgst arm^{ms}
"너희와 함께 있을지어다"--UBS א* A cop^{bo-mss}

딤후 1:11, "반포자와 사도와 교사로 세우심을 입었노라."

★"이방인들의 사도"--Byz C D vg it^{d} syr^{p} cop$^{sa\ bo}$ arm
"사도"--UBS א* A

딤후 2:3, "네가 그리스도 예수의 좋은 군사로."

★"그러므로 네가"--Byz A it^{d} vg syr$^{(p)}$ cop$^{sa-mss\ bo-pt}$
"하나님 앞에서"--UBS א C vg^{mss} arm

딤후 2:7, "네게 총명을 주시리라."

★"주시기를 원하노라"--Byz
"주시리라"--UBS א A C* latt

딤후 2:14, "하나님 앞에서 엄히 명하라."

★"주 앞에서"--Byz A it^{d} vg syr$^{(p)}$ cop$^{sa-mss\ bo-pt}$
"하나님 앞에서"--UBS א C vg^{mss} arm

딤후 4:1, "하나님 앞과 산 자와 죽은 자를 심판하실 그리스도 예수 앞에서 그의 나타나실 것과 그의 나라를 두고 엄히 명하노니."

★"그러므로 내가 하나님 앞과"--Byz
"내가 하나님 앞과"--UBS א A C latt

★"그의 나타나실 때와 그의 나라에서 산 자와 죽은 자를 심판하실 주 예수 그리스도 앞에서"--Byz vg$^{(mss)\ cl}$ syr cop^{sa} arm
"산 자와 죽은 자를 심판하실 그리스도 예수 앞에서 그의 나타나실 것과 그의 나라를 두고"--UBS א* A C D* it^{d} vg^{ww} vgst cop^{bo}

딤후 4:22, "〔아멘〕."

★"아멘"--Byz vg cop^{bo-pt} (geo)
(생략)--UBS $\aleph^*$ A C vg^{ms} cop^{bo-mss}

딛 1:4, "은혜와 평강이 네게."

★"은혜와 긍휼과 평강이"--Byz A cop^{bo-ms} $Origen^{lat}$
(본문)--UBS ℵ C^* vg syr^p cop arm

딛 2:7, "선한 일의 본을 보여 교훈의 부패치 아니함과 경건함과."

★"신실함"--Byz
"부패치 아니함"--UBS $\aleph^*$ A C D^*

★"경건함과 부패치 아니함"--Byz
"경건함과"--UBS p^{32-vid} ℵ A C latt cop

딛 3:15, "은혜가 너희 무리에게 있을지어다."

★"아멘"--Byz ℵ C vg syr^p cop^{bo} arm^{ms}
(생략)--UBS p^{87} A D^* vg $cop^{sa\ bo-mss}$

몬 2, "자매 압비아와."

★"사랑을 받는 압비아와"--Byz vg^{ms} (syr^p) cop^{sa-mss}
(본문)--UBS ℵ A $vg^{ww\ st}$ $cop^{sa-ms\ bo}$ arm

몬 6, "네 믿음의 교제가 우리 가운데 있는 선을 알게 하고."

★"우리 가운데"--MT UBS M A C D 048^{vid} it^d vg^{st} geo Lect
"너희 가운데"--Tr ℵ $vg^{cl\ ww}$ syr^p $cop^{sa\ bo}$ arm

몬 7, "내가 너의 사랑으로 많은 기쁨과 위로를 얻었노라."

★"우리가"(ἔχομεν)--Byz syr
"내가"(혹은 '그들이')(ἔσχον)--UBS ℵ A C (vg) cop

★"감사와 위로를"--Byz
"기쁨과 위로를"--UBS TR ℵ A C D latt syr cop

몬 12, "네게 저를 돌려 보내노니 저는 내 심복이라."

★"저를 받으라. 저는"--Byz $C^{*\ 2}$ it^d $vg^{ww\ st\ cl(mss)}$ ($cop^{sa\ bo}$ arm)
"저는"--UBS $\aleph^*$ A

몬 25, "너희 심령과 함께 할지어다."

★"아멘"--Byz ℵ C vg syr^{p} cop^{bo} arm^{ms}
(생략)--UBS p^{87} A it^{d} vg^{mss} cop$^{sa\ bo-mss}$ arm^{ms}

히 1:3, "죄를 정결케 하는 일을 하시고."

★"우리의 죄를"--Byz syr
"죄를"--UBS p^{46} ℵ* A B latt

히 3:1, "사도시며 대제사장이신 예수를 깊이 생각하라."

★"예수 그리스도를"--Byz
"예수를"--UBS p^{46} ℵ A B C

히 3:10, "내가 이 세대를 노하여."

★"내가 저 세대를"--Byz C vg^{mss} syr cop^{bo}
"내가 이 세대를"--UBS p$^{13\ 46}$ ℵ A B lat cop^{sa} Clement

히 6:10, "그의 이름을 위하여 나타낸 사랑으로 이미 성도를 섬긴 것과."

★"사랑의 수고로"--Byz cop^{bo}
"사랑으로"--UBS p^{46} ℵ A B C D* latt syr^{p} cop^{sa}

히 8:12, "저희 죄를 다시 기억하지 아니하리라."

★"저희 죄들과 죄희 악들을"--Byz A vg^{ms}
"저희 죄를"--UBS p^{46} ℵ* B lat syr^{p} cop

히 10:34, "너희가 갇힌 자를 동정하고."

★"나의 갇힘들"(δεσμοῖς μου)--Byz ℵ Clement Origen
"갇힘들"(δεσμοῖς)--p^{46} Origen^{mss}
"갇힌 자들"(δεσμίοις)--UBS A vg syr^{p} cop$^{sa\ bo}$ arm

히 10:34, "너희가 갇힌 자를 동정하고 너희 산업을 빼앗기는 것도 기쁘게 당한 것은 더 낫고 영구한 산업이 있는 줄 앎이라."

★"나의 갇힘들"--Byz ℵ Clement Origen
"갇힘들"--p^{46} Origen^{mss}
"갇힌 자들"--UBS A D^{d} vg syr^{p} cop$^{sa\ bo}$ arm

★"하늘에 있는 더 낫고"--Byz vg^{ms} syr
"더 낫고"--UBS p$^{13\ 46}$ ℵ* lat cop Clement

히 10:38, "오직 나의 의인은 믿음으로 말미암아 살리라."

★"오직 의인은"--Byz p^{13} vg^{mss} cop^{bo}

"오직 나의 의인은"--UBS p^{46} ℵ A vg $cop^{sa\ bo-ms}$ arm Clement

히 12:28, "그러므로 우리가 진동치 못할 나라를 받았은즉 은혜를 받자. 이로 말미암아 경건함과 두려움으로 하나님을 기쁘시게 섬길지니."

⋆"은혜를 받자"--Byz UBS A C D vg^{mss} cop
"은혜를 받아"--p^{46*} ℵ lat

⋆"경외함과 경건함으로"--Byz
"경건함과 두려움으로"--p^{46} ℵ A C $cop^{sa-mss\ bo}$

⋆"하나님을 기쁘시게 섬기노라"--Byz ℵ
"하나님을 기쁘시게 섬기자"--TR UBS (p^{46}) A C latt $cop^{sa\ bo-ms}$

히 13:4, "모든 사람은 혼인을 귀히 여기고 침소를 더럽히지 않게 하라. 음행하는 자들과 간음하는 자들을 하나님이 심판하시리라."

⋆"그러나 음행하는 자들과"--Byz C vg^{mss} syr Clement
"왜냐하면 음행하는 자들과"--UBS p^{46} ℵ A D^* lat

히 13:25, "〔아멘〕."

⋆"아멘"--Byz A C vg syr^p cop^{bo} arm^{ms}
(생략)--UBS p^{46} ℵ* vg^{mss} cop^{sa} arm^{ms}

공동서신

약 2:18, "행함이 없는 네 믿음을 내게 보이라."

⋆"너희 행위들로 네 믿음을"--Byz
"행함이 없는 네 믿음을"--UBS ℵ A B C latt syr cop

약 2:20, "행함이 없는 믿음이 헛것인 줄 알고자 하느냐?"

⋆"죽은 것"--Byz ℵ A vg^{cl} syr^p cop^{bo}
"헛것"--UBS B C^* $vg^{ww\ st}$ cop^{sa}

약 3:8, "혀는 능히 길들일 사람이 없나니 쉬지 아니하는 악이요."

⋆"다루기 힘든"--Byz C
"쉬지 아니하는"--UBS ℵ A B vg syr^p $cop^{sa\ bo}$

약 3:9, "주 아버지를 찬송하고."

★"하나님 아버지"--Byz vg[cl ww] cop[sa bo-pt]
"주 아버지"--UBS p[20] א A B C vg[st] syr[p] cop[bo-pt] arm

약 3:12, "이와 같이 짠물이 단물을 내지 못하느니라."

★"이와 같이 어떤 샘도 짠물과 단물을 함께 내지 못하느니라"--Byz
"짠물이 단물을 내지 못하느니라"--UBS A B C* cop[sa] arm
(본문)--א vg syr[p] cop[bo]

약 4:4, "간음하는 여자들이여"

★"남자들과 여자들이여"--Byz
"여자들이여"--UBS p[100] א* A B vg syr[p] cop[sa bo]

약 4:5, "너희가 하나님이 우리 속에 거하게 하신 성령이 시기하기까지."

★"우리 속에 거하신 성령"--Byz vg syr[(p)] arm geo
"그가 우리 속에 거하게 하신 성령"--UBS א B

약 4:12, "입법자와 재판자는 오직 하나이시니."

★"입법자는"--Byz
"입법자와 재판자는"--UBS p[100] א A B lat syr cop

벧전 1:9, "믿음의 결국 곧 영혼의 구원을 받음이라."

★"너희 믿음"--UBS Byz א A C vg syr[p] cop[bo] arm Clement[lat]
"믿음"--B cop[sa] Clement[gr]

벧전 1:16, "기록하였으되 내가 거룩하니 너희도 거룩할지어다."

★(εἰμι 생략)--Byz [UBS] p[72] C it vg
εἰμι--א A* B Clement

벧전 1:20, "이 말세에 너희를 위하여 나타내신 바 되었으니."

★ἐσχάτων--Byz p[72]
ἐσχάτου--UBS א A B C

벧전 1:21, "영광을 주신 하나님을 그리스도로 말미암아 믿는 자니."

★πιστεύοντας(믿는 자니)--Byz p[72] א C
πιστοὺς(신실한 자니)--UBS A B vg

벧전 1:22, "진리를 순종함으로."

★"성령으로 진리를"--Byz I vg[ms]

"진리를"--UBS p^{72} ℵ A B C vg syr cop

벧전 1:22, "마음으로 뜨겁게 피차 사랑하라."

★"깨끗한 마음으로"--[UBS] Byz p^{72} ℵ C vg^{mss} $cop^{sa\ bo}$ (arm)

"마음으로"--A B vg

벧전 2:2, "너희로 구원에 이르도록 자라게 하려 함이라."

★"너희로 자라게 하려 함이라"--Byz

(본문)--UBS p^{72} ℵ A B C it vg syr cop Clement

벧전 2:21, "그리스도도 너희를 위하여 고난을 받으사 너희에게 본을."

★"우리를 위하여 . . . 너희에게"--Byz vg^{cl} cop^{sa-ms} Tertullian

"우리를 위하여 . . . 우리에게"--syr^{p} cop^{bo}

"너희를 위하여 . . . 너희에게"--UBS p^{72} ℵ A B C $vg^{ww\ st}$ cop^{sa-mss} arm Cyprian

벧전 2:25, "너희가 전에는 양과 같이 길을 잃었더니."

★"길 잃은 양들과 같았으나"--Byz p^{72} C

"양과 같이 길을 잃었더니"--UBS ℵ A B vg syr^{p}

벧전 3:8, "불쌍히 여기며 겸손하며."

★"친절한 생각을 하며"--Byz

"겸손하며"--UBS p^{72} ℵ A B C vg syr^{p} $cop^{sa\ bo}$ (arm) Clement

벧전 3:13, "너희가 열심히 선을 행하면 누구 너희를 해하리요"

★"선을 본받는 자들이라면"--Byz vg^{ms}

"선을 행하면"--UBS $Nestle^{27}$ 나머지 사본 역본들

벧전 3:15, "너희 마음에 그리스도를 주로 삼아."

★"하나님을"--Byz

"그리스도를"--UBS p^{72} ℵ A B C vg cop arm Clement

벧전 3:16, "너희의 선행을 욕하는 자들로 그 비방하는 일에."

★"그들이 너희를 악을 행하는 자라고 비난할 때"--Byz (ℵ A C vg^{mss} syr^{p} cop^{bo})

"그들이 너희를 비난할 때"--vg arm

"너희가 비난을 받는 일에 있어서"--UBS p^{72} B cop^{sa} Clement

벧전 3:18, "그리스도께서도 한번 죄를 위하여 죽으사."

★"죄를 위하여 고난을 받으사"--UBS Byz B
"죄를 위하여 너희를 위해 죽으사"--p^{72} A arm
"죄를 위하여 우리를 위해 죽으사"--א cop^{bo}
"우리의 죄를 위하여 죽으사"--C^{*vid} vg^{cl} syr^{p} cop^{sa} $Clement^{lat}$
"죄를 위하여 죽으사"--Cyprian

벧전 4:1, "그리스도께서 이미 육체의 고난을 받으셨으니"

★"그리스도께서 우리를 위해"--Byz A (cop^{bo}) arm
"그리스도께서 너희를 위해"--$א^{*}$
"그리스도께서"--UBS p^{72} A C vg cop^{sa} geo

벧전 4:14, "하나님의 영이 너희 위에 계심이라."

★"그는 그들에게 비난을 받으셨으나 너희에게는 영광을 받으셨느니라"--Byz vg^{ww} $cop^{sa\ (bo\text{-}ms)}$ Cyprian
(생략)--UBS (p^{72}) $א^{*}$ (A) B $vg^{cl\ st}$ arm Clement Tertullian

벧전 4:16, "도리어 그 이름으로 하나님께 영광을 돌리라."

★"이 점에서"--Byz
"그 이름으로"--UBS p^{72} א A B latt syr cop

벧전 5:2, "하나님의 양무리를 치되 . . . 오직 하나님의 뜻을 좇아."

★ἐπισκοποῦντες(감독의 직무를 수행하며)--Byz [UBS] p^{72} A
(생략)--$א^{*}$ B cop^{sa}

★"오직 자원함으로 하며"--Byz B
"오직 하나님의 뜻을 좇아 자원함으로 하며"--UBS p^{72} $א^{*}$ A lat (syr^{p}) $cop^{sa\ bo}$

벧전 5:5, "장로들에게 순복하고 다 서로 겸손으로 허리를 동이라."

★"다 서로 순복하고 겸손으로 허리를 동이라"--Byz
"다 서로 겸손으로 허리를 동이라"--UBS א A B lat syr^{p} cop

벧전 5:8, "대적 마귀가 우는 사자같이 두루 다니며 삼킬 자를 찾나니."

★"누구를(τινα) 삼킬지 찾나니"--Byz [UBS] p^{72} א A
(τινα 생략)--B

벧전 5:10, "모든 은혜의 하나님 곧 그리스도 안에서 너희를 부르사 . . . 온전케 하시며 굳게 하시며 강하게 하시며 터를 견고케 하시리라."

★"그리스도 예수"--Byz [UBS] p72 A it^{h} vg syr$^{(p)}$ cop$^{sa-ms\ bo}$ arm
"그리스도"--ℵ* B cop^{sa-ms}

★"굳게 하시며 강하게 하시며 터를 견고케 하시리라"--Byz ℵ
"굳게 하시며 강하게 하시리라"--A B vg
"굳게 하시며 터를 견고케 하시리라"--p72 vg^{mss} arm

벧전 5:11, "권력이 세세무궁토록 그에게 있을지어다."

★"영광과 권세가"--Byz ℵ vg^{cl} cop$^{sa\ bo}$ arm
"권세가"--UBS (p72) A B vg$^{ww\ st}$ geo

벧전 5:12, "너희는 이 은혜에 굳게 서라."

★"너희가 그 안에 굳게 선"--Byz vg^{cl}
"너희가 이 은혜에 굳게 서라"--UBS p72 ℵ A B vg$^{ww\ st}$

벧전 5:14, "그리스도 안에 있는 너희 모든 이에게 평강이 있을지어다."

★"그리스도 예수 안에 있는"--Byz ℵ it^{h} vg^{cl} cop$^{sa-mss\ bo}$
"그리스도 안에 있는"--UBS A B vg$^{ww\ st}$ syr^{p} cop$^{sa-ms\ bo-mss}$

★"아멘"--Byz ℵ it^{h} vg$^{cl\ ww}$ syr cop^{bo-mss}
(생략)--UBS A B vgst cop

벧후 1:21, "성령의 감동하심을 입은 사람들이 하나님께 받아 말한 것."

★"하나님의 거룩한 사람들이"--Byz ℵ A vg cop^{sa-mss}
"사람들이 하나님께 받아"--UBS p72 B vg^{ms} (cop^{bo}) arm

벧후 2:4, "지옥에 던져 어두운 구덩이에 두어 심판때까지."

★"어두움의 사슬에 묶어"--UBS Byz p72 vg cop^{bo} arm
"어두운 구덩이에 두어"--ℵ A B C vg^{mss} cop^{sa}

벧후 2:13, "불의의 값으로 불의를 당하며."

★"불의의 보응을 받으며"--Byz A C vg cop$^{sa\ bo}$
"불의의 값으로 불의를 당하며"--UBS p72 ℵ* B (arm)

벧후 2:13, "저희 간사한 가운데 연락(宴樂)하며."

★"저희 간사한 가운데 연락(宴樂)하며"--UBS Byz p72 ℵ A* C cop^{sa-mss} cop^{bo} arm
"저희 애찬에서 연락(宴樂)하며"--B vg cop^{sa-ms}

벧후 2:15, "저희가 바른 길을 떠나 미혹하여 브올의 아들 발람의 길을."

★"떠나"(καταλίποντες--부정과거분사)--Byz p^{72} C
"떠나"(καταλείποντες--현재분사)--UBS ℵ B^{*} A

벧후 2:18, "겨우 피한 자들을 음란으로써 육체의 정욕 중에."

★"참으로 피한 자들을"--Byz $ℵ^{*}$ C arm
"겨우 피한 자들을"--UBS p^{72} A B vg cop

벧후 3:7, "그 동일한 말씀으로 불사르기 위하여."

★"그의 말씀으로"--Byz ℵ C syr
"그 동일한 말씀으로"--UBS p^{72} A B latt cop

벧후 3:9, "오직 너희를 대하여 오래 참으사."

★"오직 우리를 대하여"--Byz
"오직 너희를 대하여"--UBS p^{72} B C cop^{bo} arm geo
"오직 너희 때문에"--ℵ A vg cop^{sa} cop^{bo-mss}

벧후 3:10, "땅과 그 중에 있는 모든 일이 드러나리로다."

★"불타버리리라"--Byz A 048 vg^{cl} cop^{bo}
"드러나리로다"--UBS ℵ B arm
"풀어지는 것이 드러나리로다"--p^{72}

벧후 3:18, "영광이 이제와 영원한 날까지 저에게 있을지어다."

★"아멘"--[UBS] Byz p^{72} ℵ A C vg $cop^{sa\ bo}$ arm
(생략)--B

요일 1:4, "우리가 이것을 씀은 우리의 기쁨이 충만케 하려 함이로라."

"너희의 기쁨이"--TR A C vg^{cl} cop^{bo} arm
★"우리의 기쁨이"--MT UBS ℵ B $vg^{ww\ st}$ (syr^{p}) cop^{sa} geo Lect

요일 1:4, "우리가 이것을 씀은 우리의 기쁨이 충만케 하려 함이로라."

★"너희에게 충만케"--Byz C vg syr^{p} $cop^{sa-ms\ bo}$ arm geo
"충만케"--UBS ℵ A^{*vid} B $vg^{ww\ st}$ cop^{sa-mss}

요일 1:7, "그 아들 예수의 피가 우리를 모든 죄에서 깨끗하게 하실."

★"예수 그리스도의 피가"--Byz A $vg^{cl\ ww}$ cop^{bo}
"예수의 피가"--UBS ℵ B C vg^{st} syr^{p} $cop^{sa\ bo-ms}$ Clement

요일 2:7, "이 옛 계명은 너희의 들은 바 말씀이거니와."

★"처음부터 너희의 들은 바"--Byz
"너희의 들은 바"--UBS ℵ A B C latt syr cop Clement^{lat}

요일 2:23, "아들을 부인하는 자에게는 또한 아버지가 없으되 아들을 시인하는 자에게는 아버지도 있느니라."

★(생략)--Byz vg^{ms} cop^{bo-ms}
"아들을 시인하는 자에게는 아버지도 있느니라"--UBS ℵ A B C it vg syr cop$^{sa-mss\ (bo)}$ Origen Cyprian

요일 3:1, "우리가 그러하도다."

★(생략)--Byz vg^{ms}
(본문)--UBS ℵ A B C vg syr$^{(p)}$ cop$^{sa\ bo}$ geo Justin^{vid}

요일 4:3, "예수를 시인하지 아니하는 영마다 하나님께 속한 것이."

★"예수 그리스도께서 육체로 오신 것을 시인하지"--Byz Origen$^{lat1/3}$ (Cyprian)
"주 예수께서 육체로 오신 것을 시인하지"--ℵ
"예수께서 육체로 오신 것을 시인하지"--vg^{ms} syr$^{p\ h}$ arm
"예수 그리스도를 시인하지"--vg^{mss} (cop$^{sa\ bo-mss}$) Tertullian$^{1/2}$
"예수를 시인하지"--UBS 한글개역 A B vg cop^{bo} Irenaeus^{lat} Origen$^{gr\ lat2/3}$ Tertullian$^{1/2}$

요일 5:7-8, "증거하는 이가 셋이니 성령과 물과 피라. 또한 이 셋이 합하여 하나이니라."

★(본문)--Byz UBS ℵ A B vg$^{ww\ st}$ syr^{p} cop$^{sa\ bo}$ arm^{mss} Clement^{lat} (Origen^{lat})
"하늘에서 증거하는 이가 셋이 있으시니 곧 아버지와 말씀과 성령이시요 이 셋은 하나이니라. 땅에서 증거하는 이가 셋이니 성령과 물과 피라. 또한 이 셋이 합하여 하나이니라."--2318 (61 629 918) vg^{cl} arm^{mss} l^{AD} (Cyprian) TR KJV; Matthew Henry, R. L. Dabney, Edward F. Hills
F. H. A. Scrivener, "The authenticity of the words within brackets will, perhaps, no longer be maintained by any one whose judgement ought to have weight"(*A Plain Introduction to the Criticism of the New Testament*, 4th ed., ed.

Edward Miller, (1894), II, 401).

Scrivener, "On the whole, therefore, we need not hesitate to declare our conviction that the disputed words were not written by St. John: that they were originally brought into Latin copies in Africa from the margin, where they had been placed as a pious and orthodox gloss on ver. 8: that from the Latin they crept into two or three late Greek codices, and thence into the printed Greek text, a place to which they had no rightful claim"(ibid., 407).

요일 5:13, "너희에게 영생이 있음을 알게 하려 함이라."

★"함이요 또 너희로 하나님의 아들의 이름을 믿게 하려 함이라"--Byz

(본문)--UBS ℵ* B vg

요일 5:18, "하나님께로서 나신 자가 저를 지키시매."

★"난 자는 자신을 지키며"--Byz ℵ syr^{p}(UBS³) arm Origen

"나신 자가 저를 지키시매"--UBS⁴ ℵ* A* B* vg cop^{bo}(UBS³)

요일 5:21, "〔아멘〕."

★"아멘"--Byz vg^{cl}

(생략)--UBS ℵ A B $vg^{ww\ st}$ syr^{p} $cop^{sa\ bo}$ arm geo

요이 3, "아버지의 아들 예수 그리스도께로부터 진리와."

★"아들 주 예수"--Byz ℵ* vg^{mss} cop^{bo-mss} arm

"아들 예수"--UBS A B 0232 vg cop^{sa} geo

요이 3, "진리와 사랑 가운데서 우리와 함께 있으리라."

"너희와 함께"--TR Byz^{pt} $vg^{cl\ ww}$ cop^{bo-mss}

★"아들 예수"--UBS MT Byz^{pt} ℵ B 0232 vg^{st} cop

요이 8, "너희는 너희를 삼가 우리의 일한 것을 잃지 말고 오직 온전한 상을 얻으라."

★"너희는 너희를 삼가 우리가 우리의 일한 것을 잃지 않고 오직 온전한 상을 얻게 하라"--Byz

(본문)--UBS ℵ A B vg $cop^{sa\ bo}$ arm ($Irenaeus^{lat}$)

요이 9, "지내쳐 그리스도 교훈 안에 거하지 아니하는 자마다."

★"이탈하여"--Byz
"지내쳐"--UBS ℵ A B vg$^{ww\ st}$ cop

요이 12, "이는 너희 기쁨을 충만케 하려 함이라."

★"우리 기쁨을"--UBS Byz ℵ vg^{mss} arm geo
"너희 기쁨을"--A B vg cop^{bo}

요이 13, "네게 문안하느니라. 〔아멘〕."

★"아멘"--Byz vg^{mss} arm
(생략)--UBS ℵ A B vg cop$^{sa\ bo}$ geo

유 1, "하나님 아버지 안에서 사랑을 얻고."

★"거룩하여지고"--Byz Lect
"사랑을 얻고"--UBS p^{72} ℵ A B vg cop$^{sa\ bo}$ geo Origen$^{gr\ lat}$

유 3, "우리의 일반으로 얻은 구원을 들어."

★"일반으로"--Byz Lect
"우리의 일반으로"--UBS p^{72} ℵ A B vg^{mss} cop^{sa} arm geo

유 4, "홀로 하나이신 주재 곧 우리 주 예수 그리스도를 부인하는 자니."

★"주 하나님"--Byz Lect$^{pt\ AD}$
"주재"--UBS p$^{72\ 78}$ ℵ A B C vg cop$^{sa\ bo}$ arm geo Lect^{pt}

유 22, "어떤 의심하는 자들을 긍휼히 여기라."

★"분별하면서 어떤 자들을"--Byz vg^{ms}
"어떤 의심하는 자들을"--UBS p^{72} ℵ A B C vg cop$^{sa\ bo}$ Clement

유 23, "그 육체로 더럽힌 옷이라도 싫어하여 두려움으로 긍휼히 여기라."

★"두려움으로 불에서 끌어내어 구원하라"--Byz C Lect
(본문)--UBS p^{72} ℵ A B cop^{bo} arm Clement^{lat}

유 25, "우리 구주 홀로 하나이신 하나님께."

★"지혜로우신 하나님께"--Byz Lect
"하나님께"--UBS p^{72} ℵ A B C cop$^{sa\text{-}ms\ bo}$ arm geo

유 25, "우리 주 예수 그리스도로 말미암아 영광과 위엄과 권력과 권세가 만고전부터 이제와 세세에."

★"영광과 권세와 권력과 권세가 이제와 세세에"--Byz
(본문)--UBS ℵ$^{(*)}$ A B C vg (cop)

요한계시록[83]

계 1:4, "장차 오실 이와."

★"오실 하나님과"--$M^{a\ b}$
"오실 이와"--UBS $M^{c\ d\ e}$ ℵ A C

계 1:5, "우리 죄에서 우리를 해방하시고."

★"우리를 죄에서 씻으시고"--$M^{a\ (b)\ c}$ vg cop^{bo}
(본문)--UBS $M^{d\ e}$ p^{18} (ℵ) A C (arm)

계 1:9, "하나님의 말씀과 예수의 증거를 인하여."

★"예수 그리스도의 증거를"--Byz^{k} vg^{ms} cop
"예수의 증거를"--UBS ℵ A C (arm)

계 1:18, "이제 세세토록 살아 있어 사망과 음부의 열쇠를 가졌노니."

★"살아 있도다. 아멘. 또 나는 사망과"--Byz syr
"살아 있어 사망과"--UBS M^{e} ℵ* A C latt cop $Irenaeus^{lat}$

계 2:9, "내가 네 환난과 궁핍을 아노니."

★"내가 네 행위와 네 환난과"--Byz ℵ
(본문)--UBS A C latt cop

계 2:13, "네가 어디 사는 것을 내가 아노니."

★"내가 네 행위와 네가 어디 사는 것을"--Byz
"네가 어디 사는 것을"--UBS ℵ A C latt cop

계 2:20, "자칭 선지자라 하는 여자 이세벨을."

★"네 아내 이세벨을"--$M^{a\ b\ c\ d}$ A syr Cyprian
"여자 이세벨을"--UBS TR M^{e} ℵ C vg $cop^{sa\ bo}$ arm Andrew[84]
Tertullian

계 2:22, "내가 그를 침상에 던질 터이요."

★"침상에"--UBS Byz ℵ C vg cop^{bo} Andrew Tertullian Cyprian
"감옥에"--A

---

83) 다수사본 헬라어 성경 편집자들은 비잔틴 사본들을 다섯 부류로 나누었다. M^{a}--73개; M^{b}--10개; M^{c}--29개; M^{d}--13개; M^{e}--24개.

84) 가이사랴 감독(6-7세기)의 주석에 쓰인 사본은 4세기 것으로 추정됨.

"화로에"--arm
"질병에"--cop[sa]

계 4:8, "거룩하다 거룩하다 거룩하다. 주 하나님 곧."

★"거룩하다"(9번)--M[a-pt b c]
"거룩하다"(8번)--א*
(본문)--UBS TR M[a-pt d e] A

계 4:11, "우리 주 하나님이여, 영광과 존귀와 능력을 받으시는 . . . ."

★"주님과 우리의 거룩한 하나님께서는"--M
"주여, 우리 하나님께서는"--M[d e]
"주여, 우리 주 하나님께서는"--א
"주님과 우리의 하나님께서는"--A Cr

계 5:9, "나라 가운데서 사람들을 피로 사서 하나님께 드리시고."

★"우리를 피로 사서"--Byz א (vg) cop[bo] (arm Cyprian) Andrew
"피로 사서"--UBS A

계 5:10, "저희로 우리 하나님 앞에서 나라와 제사장을 삼으셨으니."

★"왕들과 제사장"--Byz
"나라와 제사장"--UBS א A latt cop

계 6:1-2, 3, 5, "오라 하기로 . . . 하더니."

★"와서 보라"--M[a b e-pt] א it vg[cl]
"오라"--UBS A C vg[ww st] cop[sa bo] arm Andrew

계 6:6, "네 생물 사이로서 나는 듯하는 음성을 들으니."

★"나는 음성을"--M[k] cop
"나는 듯하는 음성을"--UBS א A C M[e-pt]

계 6:7, "가로되 오라 하기로."

★"와서 보라"--Byz א vg[cl]
"오라"--UBS A[vid] C vg[ww st] cop[sa bo] arm Andrew

계 6:8, "내가 보매 청황색 말이 나오는데."

★"청황색 말이"--Byz vg[cl]
"내가 보매 청황색 말이"--UBS א A vg[ww st] cop[sa bo] arm Andrew

계 6:17, "그들의 진노의 큰 날이 이르렀으니 누가 능히 서리요."

★"그의 진노"--Byz A cop$^{sa-ms\ bo}$ arm Andrew
"그들의 진노"--UBS ℵ C vg

계 8:13, "공중에 날아가는 독수리가 큰 소리로 이르되."

★"독수리가"--M$^{a\ b\ c}$ ℵ A
"천사가"--UBS M$^{d\ e}$ TR

계 11:12, "큰 음성이 있어 이리로 올라오라 함을 저희가 듣고."

★"내가 들으니"(ἤκουσα--1인칭)--Byz p^{47} cop$^{sa\ bo}$ arm Andrew
"저희가 듣고"(ἤκουσαν--3인칭)--UBS TR ℵ* A C vg

계 12:17, "용이 . . . 싸우려고 바다 모래 위에 섰더라."

★"(13:1로) 내가 바다 모래 위에 서서 보니"--Byz vg^{mss} cop$^{sa\ bo}$ Andrew
(본문)--UBS p^{47} ℵ A C vg arm

계 13:14, "땅에 거하는 자들을 미혹하며."

★"땅에 거하는 나의 백성을"--MT M$^{a\ c}$
"땅에 거하는 자들을"--UBS TR M$^{b\ d\ e}$ p^{47} ℵ A C

계 14:4, "사람 가운데서 구속(救贖)을 받아."

★"사람 가운데서 예수로 말미암아 구속(救贖)을"--M$^{a\ c}$
"사람 가운데서 구속을"--UBS M$^{b\ d\ e}$ TR p^{47} ℵ A C

계 14:13, "수고를 그치고 쉬리니 이는 저희의 행한 일이 따름이니라."

★"수고를 그치고 쉴 것이며 저희의 행한 일이 따르느니라"--Byz
(본문)--UBS p^{47} ℵ A C latt cop^{sa}

계 15:2, "짐승과 그의 우상과 그의 이름의 수를 이기고."

★(본문)--UBS MT TR M$^{b\ c\ d\ e}$ (p^{47} ℵ) A C
"그 우상과 그의 짐승과"--M^{a}(=M^{k})

계 15:2, "그의 이름의 수를 이기고."

★(본문)--UBS MT M$^{a\ c}$ p^{47-vid} ℵ A C
"그의 표와 그의 이름의 수를"--M$^{b\ d\ e}$ (TR)

계 15:3, "만국의 왕이시여."

★(본문)--UBS Byz A cop^{bo}
"만대의 왕이시여"--p^{47} ℵ* C vg cop^{sa-mss}

계 15:6, "세마포 옷을 입고."

⋆(본문)--UBS Byz א

"보석을 입고"--A C vgst

계 16:16, "아마겟돈이라 하는 곳으로."

⋆"므깃도"--MT M$^{a\ d}$

"아마겟돈"--UBS TR M$^{b\ c\ e\text{-}pt}$ א A

계 19:12, "그 눈이 불꽃같고 그 머리에 많은 면류관이 있고 또 이름 쓴 것이 하나가 있으니 자기밖에 아는 자가 없고."

⋆"불꽃이며"--Byz M$^{a\ c\ d\ e\text{-}pt}$ א

"불꽃같고"--UBS TR M$^{b\ e\text{-}pt}$ A latt cop$^{sa\text{-}mss\ bo}$ Irenaeus^{lat} Origen

⋆"또 여러 이름들이 있고 또 자기 밖에는 아는 자가 없는 한 이름이 있더라"--MT M^{k} M$^{a\text{-}pt\ b\ c\ e\text{-}pt}$

"또 이름 쓴 것이 나나가 있으니 자기밖에 아는 자가 없고"-- UBS TR M$^{a\text{-}pt\ d\ e\text{-}pt}$ (א*) A

계 21:3, "내가 들으니 보좌에서 큰 음성이 나서 . . . 하나님은 친히 저희와 함께 계셔서."

⋆"하늘에서"--Byz cop

"보좌에서"--UBS א A lat Irenaeus^{lat}

⋆"하나님께서 친히 저희와 함께 계셔서"--MT M$^{a\ b\ c\ e\text{-}pt}$ א 046 cop$^{bo\text{-}pt}$ Irenaeus Andrew$^{b\ c}$

"하나님께서 친히 저희와 함께 계셔서 저희 하나님이 되시고"-- [UBS] TR M$^{d\ e\text{-}pt}$ A vg Irenaeus^{lat} Andrew$^{a\ bav}$

계 22:14, "그 두루마기를 빠는 자들은 복이 있으니."

⋆"그의 계명들을 행하는 자들"--Byz syr$^{ph\ h}$ cop^{bo} (arm) Cyprian Tertullian Andrew

"그 두루마기를 빠는 자들"--UBS א A vg cop^{sa}

계 22:20, "진실로 속히 오리라 하시거늘 아멘 주 예수여, 오시옵소서."

⋆"주 예수여, 진실로(ναί) 오시옵소서"--MT M$^{a\ b\text{-}pt\ c\ d}$ (=M^{k})

"주 예수여, 오시옵소서"--UBS M$^{b\text{-}pt\ e}$ א A

참고 도서

〔헬라어 신약성경〕

The Greek New Testament According to the Majority Text. Edited by Zane C. Hodges and Arthur L. Farstad. 2nd ed. Nelson, 1985.

The New Testament in the Original Greek: Byzantine Textform. Edited by Maurice A. Robinson and William G. Pierpont. Chilton Book Publishing, 2005.

"The New Testament As Is Taught by the Greek Fathers." http://myriobiblos.gr/bible/default.asp.

The Greek New Testament. Edited by Babara Aland, Kurt Aland, Johannes Karavidopoulos, Carlo M. Martini, Bruce M. Metzger. 5th ed. United Bible Societies, 2014.

Novum Testamentum Graece. Edited by Eberhard Nestle, Erwin Nestle, Babara Aland, Kurt Aland, Johannes Karavidopoulos, Carlo M. Martini, Bruce M. Metzger. 28th ed. Deutsche Biblelstiftung, 2012.

〔전통본문 입장〕

Burgon, John William. *Causes of Corruption of the Traditional Text of the Holy Gospels*. Edited by Edward Miller. London: George Bell and Sons, 1896.

Burgon, John William. *Inspiration and Interpretation: Seven Sermons Preached before the University of Oxford*. Oxford: J. H. and Jas. Parker, 1861.

Burgon, John William. *The Last Twelve Verses of the Gospel according to St. Mark*. Oxford: J. Parker and Co., 1871.

Burgon, John William. *The Revision Revised: Three Articles Reprinted from the "Quarterly Review"--I. The New Greek Text, II. The New English Version, III. Westcott and Hort's New Textual Theory*. London: Murray, 1883; The Bible for Today, 1981.

Burgon, John William. *Traditional Text of the Holy Gospels Vindicated and Established*. Edited by Edward Miller. London: George Bell and Sons, 1896.

Clark, Gordon H. *Logical Criticisms of Textual Criticism.* The Trinity Foundation, 1986.

Cloud, David W. *For Love of the Bible: The Battle for the Authorized Version and the Received Text from 1800 to Present.* 2nd Edition. Way of Life, 1999.

Dabney, Robert. "The Revised Version of the New Testament," *Discussions: Evangelical and Theological.* I. 1891; The Banner of Truth Trust, 1967.

Fuller, David Otis. *True or Flase?: The Westcott-Hort Textual Theory Examined.* Grand Rapids, Mich.: Grand Rapids International Publications, 1983.

Hills, Edward F. *The King James Version Defended.* Des Moines, Iowa: The Christian Research Press, 1956.

Hoskier, Herman C. *Codex B and Its Allies.* 2 vols. London: Bernard Quaritch, 1914.

Miller, Edward. *A Guide to Textual Criticism of New Testament.* 1886; reprint ed., The Dean Burgon Society, 1979. (147 pp.)

Moorman, Jack A. *Conies Brass and Easter: Answers to "Problem" Passages in the Authorized Version.* The Bible for Today, n. d.

Moorman, Jack A.. *Early Church Fathers and the Authorized Version: A Demonstration.* The Bible for Today Press, n. d.

Moorman, Jack A. *Early Manuscripts and the Authorized Version: A Closer Look with Manuscript Digest and Summaries.* The Bible for Today, 1990.

Moorman, Jack A. *Forever Settled: A Survey of the Documents and History of the Bible.* The Bible for Today, 1985.

Moorman, Jack A.. *When the KJV Departs from the "Majority" Text.* The Bible for Today Press, 1988.

Pickering, Wilbur N. *The Identity of the New Testament Text.* rev. ed., Nashville: Thomas Nelson, 1977.

Pickering, Wilbur N. *The Identity of the New Testament Text IV.* 2014.

Riplinger, G. A. *New Age Bible Versions.* A.V. Publications, 1993.

Scrivener, Frederick H. A. *A Plain Introduction to New Testament Textual Criticism.* 4th ed. 2 Vols. Edited by Edward Miller. London:

George Bell & Sons, 1894. (418, 428 pp.)

Soden, Hermann F. von. *Die Schriften des Neuen Testaments in ihrer ältesten erreichbaren Textgestalt.* 2 Vols. Göttingen: Vandenhoeck und Ruprecht, 1911.

Sturz, Harry A. *The Byzantine Text-Type and New Testament Textual Criticism.* Nashville: Thomas Nelson Publishers, 1984.

Van Bruggen, Jakob. *The Ancient Text of the New Testament*. Winnipeg: Premier, 1976

Van Bruggen, Jakob. *The Future of the Bible*. Nashville: Thomas Nelson, 1978.

Waite, D. A. *Defending the King James Bible*. The Bible for Today Press, 1992.

Waite, D. A. *Dr. Stewart Custer Answered on the T. R. & K. J. V.* The Bible for Today Press, 1985.

김명식. "마가복음의 헬라어 본문 연구: 출판된 헬라어 성경들의 비평 각주의 검토에 근거하여--UBS 4판, Nestle 27판, MT 2판을 중심으로." 미간행 신학석사학위논문. 계약신학대학원대학교, 2008.

남성호. "UBS 누가복음의 본문에 대한 연구: UBS 3판과 4판을 중심으로." 미간행 신학석사학위논문. 계약신학대학원대학교, 2004.

박세덕. "시내산 사본과 바티칸 사본에 근거한 비평본문 UBS의 요한복음 분석: UBS 3, 4판을 중심으로." 미간행 신학석사학위논문. 계약신학대학원대학교, 2004.

변종길, "성경 사본학의 현재와 미래." 『개혁 신학과 교회』, 제6호 (1996), 67-94쪽.

예경해. "시내산, 바티칸, 비잔틴 사본의 비교를 통한 비평본문 UBS의 마태복음 분석: UBS 3, 4판을 중심으로." 미간행 신학석사학위논문. 계약신학대학원대학교, 2006.

이정찬. "사도행전 헬라어 본문(Text) 연구: UBS 3, 4판을 중심으로." 미간행 신학석사학위논문. 계약신학대학원대학교, 2005.

깁, 사무엘 C. 킹 제임스 성경에 대한 질문에 답하여. 안티오크, 1994.

깁, 사무엘 외. 킹 제임스 성경에 관한 100가지 질문과 대답. 말씀과 만남, 2002.

〔비평본문 입장〕

Aland, Kurt, and Aland, Barbara. *The Text of the New Testament: An Introduction to the Critical Editions and to the Theory and Practice of Modern Textual Criticism.* Eerdmans, 1987.

Aland, Kurt. *Text und Textwert der Griechischen Handschriften des Neuen Testaments.* Berlin, 1991.

Black, David Alan. *New Testament Textual Criticism: A Concise Guide.* Baker Book House, 1994.

Carson, D. A. *The King James Version Debate.* Baker Book House, 1979.

Colwell, Ernest Cadman. *What Is the Best New Testament?* Chicago: University of Chicago Press, 1952.

Elliott, J. K. "The United Bible Societies Greek New Testament: An Evaluation," *Novum Testamentum,* 15, 1973. pp. 278-300.

Epp, Eldon J. *Studies in the Theory and Method of New Testament Textual Criticism.* W. B. Eerdmans Pub. Co, 1993.

Fee, G. D. "On the Types, Classification, and Presentation of Textual Variation," "Rigorous or Reasoned Eclecticism--Which?" "Textual Criticism of the New Testament," *Studies in the Theory and Method of New Testament Textual Criticism.* Edited by E. J. Epp & G. D. Fee. Grand Rapids: Eerdmans, 1993.

Finegan, Jack. *Encountering New Testament Manuscripts: A Working Introduction to Textual Criticism.* Eerdmans, 1974.

Greenlee, J. Harold. *Introduction to New Testament Textual Criticism.* Grand Rapids, Mi.: Eerdmans, 1964. (160 pp.)

Gregory, Caspar Rene. *Canon and Text of the New Testament.* New York, 1907.

Kenyon, Frederic G. *Handbook to the Textual Criticism of the New Testament.* 1901; 2nd ed., London, 1912. (381 pp.)

Kenyon, Frederic G. *The Text of the Greek Bible: A Students' Handbook.* 1937; 2nd ed., London, 1949. (264 pp.)

Lake, Kirsopp. *The Text of the New Testament.* 1900; 6th ed., revised by Silva New. Oxford, 1928. (104 pp.)

Metzger, Bruce M. *The Early Versions of the New Testament: Their Origin, Transmission, and Limitations.* Clarendon Press, 1977.

Metzger, Bruce M. *The Text of the New Testament: Its Transmission, Corruption, and Restoration*. 3rd ed. Oxford University Press, 1992.
메쯔거, 브루스 M. 사본학. 개정증보판. 서울: 기독교문서선교회, 1995.
Metzger, Bruce M. *Manuscripts of the Greek Bible: An Introduction to Greek Palaeography*. Oxford: Oxford University Press, 1981.
Neslte, Eberhard. *Introduction to the Textual Criticism of the Greek New Testament*. Trans. from 2nd German ed. by William Eadie. London, 1901. (351 pp.)
Robertson, A. T. *An Introduction to the Textual Criticism of the New Testament*. Doubleday, Doran & Company. 1928.
Streeter, Burnett H. *The Four Gospels: A Study of Origins*. London: Macmillan and Co., 1930.
Taylor, Vincent. *The Text of the New Testament: A Short Introduction*. London and New York, 1961. (113 pp.)
Vincent, Marvin R. *A History of the Textual Criticism of the New Testament*. New York, 1899. (185 pp.)
Wallace, Daniel. "The Majority-text Theory: History, Methods and Critique. *Journal of the Evangelical Theological Society*, 37 (1994).
Westcott, B. F. and F. J. A. Hort. *The New Testament in the Original Greek*. Vol. 2: *Introduction*. 2nd ed. London: Macmillan, 1896. (180 pp.)
White, James R. *The King James Only Controversy*. Minneapolis, Minnesota: Bethany House Publishers, 1995.

[기타]

Paine, Gustavus S. *The Men behind the King James Version*. Baker Book House, 1977.
Williams, James B. ed. *From the Mind of God to the Mind of Man: A Layman's Guide to How We Got Our Bible*. Greenville, S. C.: Ambassador-Emerald International, 1999.
나채운. 우리말 성경연구. 서울: 기독교문사, 1990.

저자 소개

연세대학교 문과대학 철학과 졸업 (B.A.).
총신대학 신학연구원[신학대학원] 졸업 (M.Div. equiv.).
미국, Faith Theological Seminary 졸업 (Th.M. in N.T.).
미국, Bob Jones University 대학원 졸업 (Ph.D. in Theology).
계약신학대학원 대학교 교수 역임, 합정동교회 담임목사.

〔**역서**〕 J. 그레섬 메이천, 신약개론, 신앙이란 무엇인가? 등 다수.
〔**저서**〕 구약성경강해 1, 2, 신약성경강해, 조직신학, 기독교교리개요, 기독교 윤리, 현대교회문제, 자유주의 신학의 이단성, 에큐메니칼운동 비평, 복음주의 비평, 현대교회문제자료집, 천주교회비평 등.

신약성경 전통본문 옹호

2020년 6월 2일 1판

저 자 **김 효 성**

발행처 **옛신앙 출판사**
Old-time Faith Press
www.oldfaith.net
서울 마포구 독막로 26
합정동교회 내
02-334-8291, 9874
oldfaith@hjdc.net
등록번호: 제10-1225호

ISBN 978-89-98821-56-2 03230

♣ **'옛신앙'**이란, 옛부터 하나님의 선지자들과 주 예수 그리스도의 사도들이 가졌던 신앙, 오직 정확 무오(正確無誤)한 하나님 말씀인 신구약성경에만 근거한 신앙, 오늘날 배교(背教)와 타협의 풍조에 물들지 않는 신앙을 의미합니다.

"여호와께서 이같이 말씀하시되 '너희는 길에 서서 보며 **옛적 길** 곧 **선한 길**이 어디인지 알아보고 그리로 행하라. 너희 심령이 평강을 얻으리라' 하나, 그들의 대답이 '우리는 그리로 행치 않겠노라' 하였으며"(렘 6:16).

옛신앙 출판사 서적 안내

1. 김효성, **창세기 강해**. [3판]. 359쪽. 6,000원.
2. 김효성, **출애굽기 강해**. [2판]. 204쪽. 4,000원.
3. 김효성, **레위기 강해**. [2판]. 164쪽. 4,000원.
4. 김효성, **민수기 강해**. [2판]. 182쪽. 4,000원.
5. 김효성, **신명기 강해**. [2판]. 184쪽. 4,000원.
6. 김효성, **여호수아 사사기 룻기 강해**. [2판]. 222쪽. 4,000원.
7. 김효성, **사무엘서 강해**. [2판]. 233쪽. 4,000원.
8. 김효성, **열왕기 강해**. [2판]. 217쪽. 4,000원.
9. 김효성, **역대기 강해**. [2판]. 256쪽. 5,000원.
10. 김효성, **에스라 느헤미야 에스더 강해**. [2판]. 129쪽. 3,000원.
11. 김효성, **욥기 강해**. [2판]. 195쪽. 4,000원.
12. 김효성, **시편 강해**. [2판]. 704쪽. 10,000원.
13. 김효성, **잠언 강해**. [2판]. 624쪽. 8,000원.
14. 김효성, **전도서 강해**. [2판]. 88쪽. 2,000원.
15. 김효성, **아가서 강해**. [3판]. 88쪽. 2,000원.
16. 김효성, **이사야 강해**. [2판]. 398쪽. 6,000원.
17. 김효성, **예레미야 및 애가 강해**. [2판]. 359쪽. 6,000원.
18. 김효성, **에스겔 다니엘 강해**. [2판]. 293쪽. 6,000원.
19. 김효성, **마태복음 강해**. [2판]. 340쪽. 6,000원.
20. 김효성, **마가복음 강해**. [3판]. 223쪽. 5,000원.
21. 김효성, **누가복음 강해**. [2판]. 373쪽. 6,000원.
22. 김효성, **요한복음 강해**. 281쪽. 6,000원.
23. 김효성, **사도행전 강해**. [2판]. 239쪽. 4,000원.
24. 김효성, **고린도전서 강해**. [2판]. 122쪽. 3,000원.
25. 김효성, **고린도후서 강해**. [2판]. 100쪽. 3,000원.
26. 김효성, **갈라디아서 에베소서 강해**. [2판]. 169쪽. 4,000원.
27. 김효성, **히브리서 강해**. [2판]. 109쪽. 3,000원.
28. 김효성, **야고보서 베드로전후서 강해**. [2판]. 145쪽. 4,000원.
29. 김효성, **요한1,2,3서 유다서 강해**. [2판]. 104쪽. 3,000원.
30. 김효성, **현대교회문제**. [5판]. 182쪽. 무료.
31. 김효성, **기독교 교리개요**. [10판]. 96쪽. 2,500원.
32. 김효성, **기독교 윤리**. [6판]. 240쪽. 4,500원.
33. 김효성, **자유주의 신학의 이단성**. [2판]. 170쪽. 6,000원.
34. 김효성, **에큐메니칼운동 비평**. 158쪽. 6,000원.
35. 김효성, **복음주의 비평**. 193쪽. 6,000원.
36. 김효성, **천주교회 비평**. [2판]. 97쪽. 3,000원.
37. 김효성, **이단종파들**. [6판]. 70쪽. 700원.
38. 김효성, **공산주의 비평**. 28쪽. 무료.
39. 김효성, **기독교 신앙입문**. [10판]. 34쪽. 600원.
40. 김효성 역, **웨스트민스터 신앙고백서**. [6판]. 108쪽. 3,000원.
41. 김효성 역, **어린이 요리문답**. [7판]. 48쪽. 500원.

☆ **주문**: 전화 02-334-8291, 이메일 oldfaith@hjdc.net
☆ **계좌**: 농협 301-0258-7000-81 대한예수교장로회 합정동교회